OBERFRANKEN
erleben

OBERFR

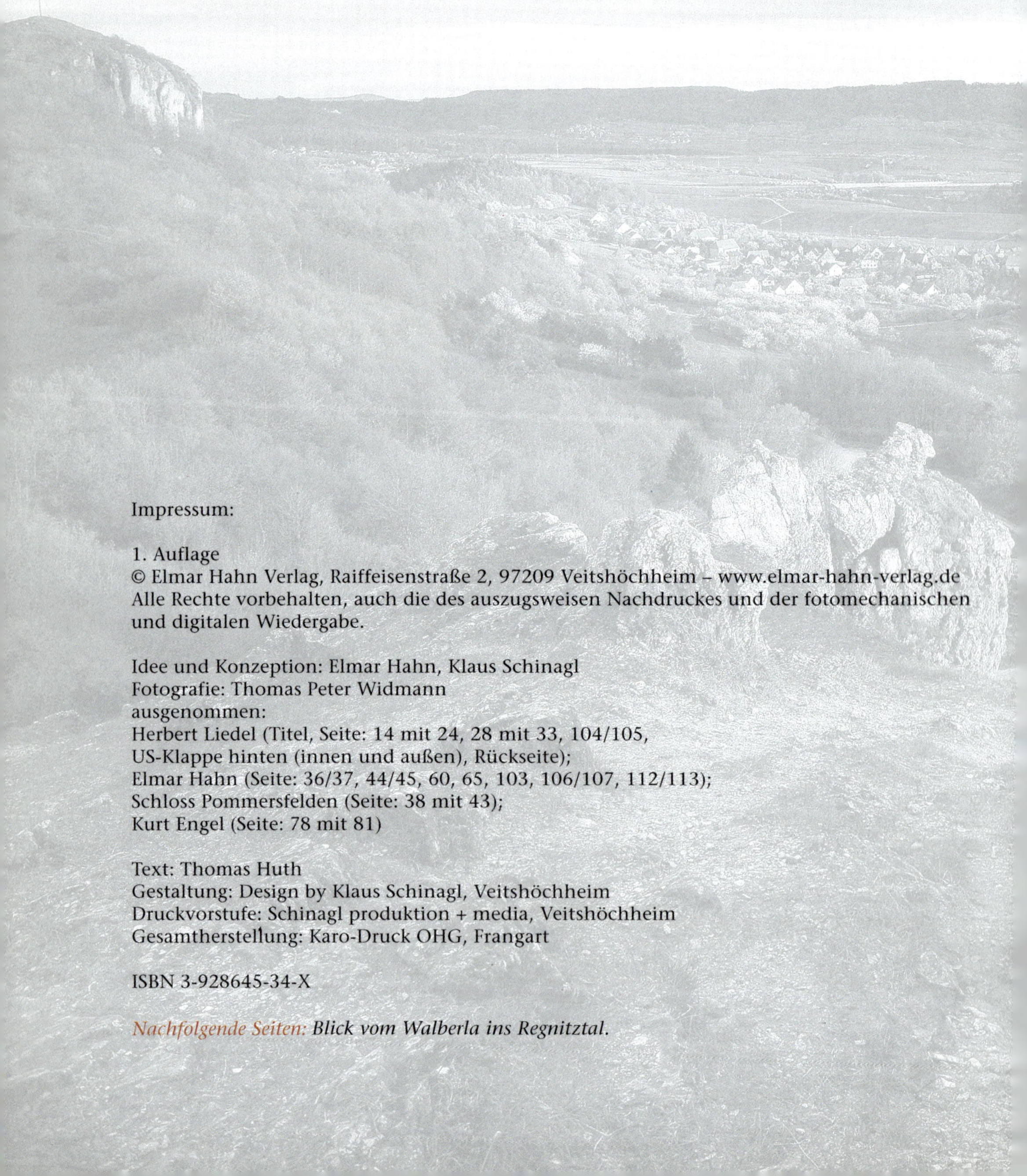

Impressum:

1. Auflage

Idee und Konzeption: Elmar Hahn, Klaus Schinagl
Fotografie: Thomas Peter Widmann
ausgenommen:
Herbert Liedel (Titel, Seite: 14 mit 24, 28 mit 33, 104/105,
US-Klappe hinten (innen und außen), Rückseite);
Elmar Hahn (Seite: 36/37, 44/45, 60, 65, 103, 106/107, 112/113);
Schloss Pommersfelden (Seite: 38 mit 43);
Kurt Engel (Seite: 78 mit 81)

Text: Thomas Huth
Gestaltung: Design by Klaus Schinagl, Veitshöchheim
Druckvorstufe: Schinagl produktion + media, Veitshöchheim
Gesamtherstellung: Karo-Druck OHG, Frangart

ISBN 3-928645-34-X

Nachfolgende Seiten: Blick vom Walberla ins Regnitztal.

ANKEN *erleben*

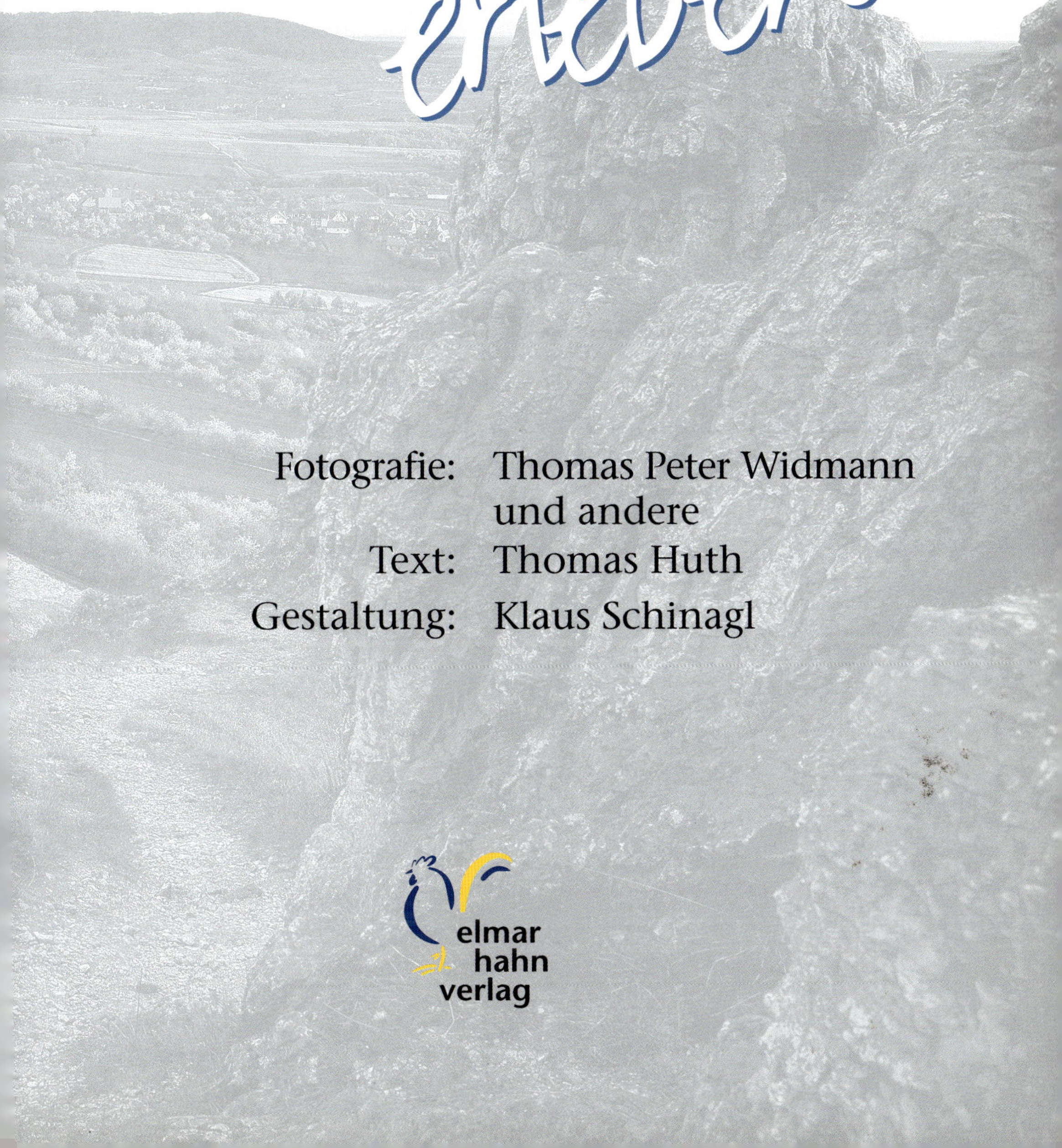

Fotografie: Thomas Peter Widmann und andere
Text: Thomas Huth
Gestaltung: Klaus Schinagl

elmar hahn verlag

Oberfränkisches Panorama

Es ist kein leichtes Unterfangen, Oberfranken mit wenigen Worten zu charakterisieren. Selbst viele Worte werden dem Wesen der vielgestaltigen Region kaum gerecht, denn unter den drei fränkischen Regierungsbezirken darf sich Oberfranken sicher als der kontrastreichste rühmen. Seine Landschaften decken die gesamte Palette von sanft bis wild, von fruchtbar bis karg, von der Ebene bis ins schroffe Mittelgebirge ab. Ein Winkel wie die Fränkische Schweiz wurde gar zum Inbegriff einer Traumlandschaft im Sinne der Romantiker, die dieses Gebiet Ende des 18. Jahrhunderts entdeckten. Sucht man nach einem gemeinsamen Nenner von Steigerwald, Fränkischer Schweiz, Fichtelgebirge, Itzgrund und Frankenwald, wird man beim Hauptstrom Oberfrankens fündig, dem Main. Fast alle Wasser fließen ihm zu, nur im Nordosten, wo Franken am höchsten hinaus will, da entsendet das Dach Oberfrankens seine Bäche und Flüsse in alle Himmelsrichtungen.

Oberfrankens größter Trumpf aber ist, dass das bedeutende, mit dem es aufwartet, so selbstverständlich erscheint. Es sei nur an das großartige Weltkulturerbe der Bamberger Altstadt erinnert, das in seiner kleinteiligen menschenfreundlichen Struktur auch heute noch vor Lebensenergie und Quirligkeit nur so strotzt. Selbst der nicht minder großartige Dom ist bei aller Erhabenheit kein totes Museum seiner selbst, sondern lebendig genutzte Mitte des religiösen Bamberg. Er „funktioniert" wie in den Tagen seiner Erbauung vor fast achthundert Jahren. Oder die großartige Gartenschöpfung der Markgräfin Wilhelmine in Sanspareil! Schon die Zeitgenossen des 18. Jahrhunderts gaben dem Park mit Recht den Namen „Ohnegleichen" – „Sanspareil". Die phantastische Umsetzung von Literatur in einen Garten, die dabei die felsig bizarren Vorgaben der Natur wirkungsheischend einbezieht, ist einzigartig in der europäischen Gartengeschichte, und dieser kunstvolle Gartenexot harmoniert aufs Schönste mit der herbschönen Juralandschaft Oberfrankens.

Wie schon eingangs gesagt, es bedürfte sehr vieler Worte, ein treffendes Bild Oberfrankens zu zeichnen, deswegen übernehmen die hervorragenden Aufnahmen des Fotografen Thomas Peter Widmann den Part, das Land in seinen vielfältigen Facetten vorzustellen. Der Text versteht sich als „Cicerone" durch diese oberfränkische Bilderwelt und folgt eng den Motiven. Text und Bild harmonisierte der Grafik-Designer Klaus Schinagl, damit das Buch in seiner Gänze dem schönen Land Oberfranken gerecht wird!

Inhaltsverzeichnis

Oberfranken – aus vielen Wurzeln gewachsen

Man sagt, aller guten Dinge seien drei. Wen wunderts also, dass es Franken auch gleich drei Mal gibt! Seit man im Königreich Bayern den Verwaltungsbezirken Namen gegeben hat, die ihre historischen und landsmannschaftlichen Wurzeln widerspiegeln, heißen die Lande im Einzugsbereich des Mains Unter-, Mittel- und Oberfranken. Es sind zugegebenermaßen künstliche Bezeichnungen, aber in mehr als 160 Jahren wurden daraus Begriffe, die ein gewisses Maß an Identifikation stifteten. Freilich ist bei der fränkischen Neigung zum Kleinteiligen ein Bayreuther in erster Linie Bayreuther, aber als Oberfranke bezeichnet zu werden, hält der Bayreuther auch gerne aus. In kleinen Dimensionen zu denken, sich im Überschaubaren zu bewegen, wurde den Franken von der eigenen Geschichte antrainiert. Bis zum Ende des alten Reiches 1803 beziehungsweise 1806 präsentierte sich das heutige Franken als buntes Sammelsurium unterschiedlichster Klein- und Kleinststaaten. Oberfranken war unter Frankens Regionen sogar noch die, die mit den wenigsten Herren auskommen musste. Die Bamberger Bischöfe, die Markgrafen von Brandenburg-Bayreuth und die wettinischen Herzöge in Coburg waren neben ein paar „fremden" Einsprengseln und einigen Reichsrittern, die partout nicht von ihrer Scholle weichen wollten, die bestimmenden Größen zwischen Steigerwald und Fichtelgebirge. Besagte Fürstentümer wuchsen im Laufe des Mittelalters und

gingen letztlich als Sieger aus den zahllosen offenen und verdeckten Fehden dieser Zeit hervor. Von anderen Dynastien dagegen blieben nur noch Namen als Widerhall aus fernen Epochen. Die Markgrafen von Schweinfurt zählen zu diesen verwehten Größen ebenso wie die Babenberger, die Walpotengrafen, die Schlüsselberger oder die einst machtvollen Herzöge von Andechs-Meranien. Meist erloschen diese „Staatsgebilde" mit der sie tragenden Dynastie.

Bayerisch durch Napoleon

Napoleons großzügige Flurbereinigung in der Kleinstaatsgemarkung des Heiligen Römischen Reiches Deutscher Nation schickte schließlich auch den verbliebenen Rest der Provinzpotentaten in Pension und Franken fand sich mit dem Ende des Wiener Kongresses vereint unter weißblauem Zepter wieder. Nicht alle waren von dieser neuen Staatsangehörigkeit begeistert, aber andererseits hatte man damit einen weiteren Grund, enger zusammenzurücken, musste man sich doch von nun an unter einer Mehrheit von Lederhoslern und Maßkrugschwingern Gehör verschaffen! Den Franken sei das ganz gut gelungen, sagt man. Vor allem südlich der Donau steht die Behauptung, Bayern würde von Franken regiert, hoch im Kurs.

Damit wären abschließend auch die beiden beliebtesten Klischees pflichtgemäß zu Sprache gebracht worden!

Die Namensgeber stammen vom Niederrhein

Im Grunde gibt es eine Geschichte Oberfrankens nur dank königlich bayerischer Bezirkseinteilung. Vorher wäre kaum jemand auf die Idee gekommen, die Vergangenheit des Fürstbistums Bamberg und der Markgrafschaft Brandenburg-Bayreuth gemeinsam abzuhandeln. Wozu auch, hatten beide Gebiete, vor allem nach der Reformationszeit, eine ganz andere äußere Ausrichtung und innere Prägung erfahren. Mithin ist eine Historie Oberfrankens mehr die Summe der Geschichte seiner gewachsenen Bestandteile. Eines aber ist verbindendes Element: das Fränkische. Ab dem 6. Jahrhundert begannen die Franken von Nieder- und Mittelrhein

Links: Fromm präsentieren Kaiser Heinrich II. und seine Gattin Kunigunde den Bamberger Dom, Symbol ihrer Bistumsgründung 1007.
Oben: In Großbirkach im Steigerwald erinnert ein Relief aus dem 11. Jahrhundert mit Johannes d. T. und zwei schwörenden Laien an die christliche Mission.

kommend ihren Siedlungsbereich mainaufwärts auszudehnen. Die Kultur und der Gestaltungswille der Neuankömmlinge muss so stark gewesen sein, dass sich die Altbevölkerung rasch anpasste. Diese Altbevölkerung bestand nicht nur aus germanischen Stämmen, insbesondere östlich der Regnitz waren die Slawen das bestimmende Volk. Ihr Andenken lebt unter anderem in den zahlreichen topographischen Namen weiter, die auf -itz enden. Mit der Gründung der Bistümer Würzburg und Eichstätt im 8. Jahrhundert hielt das organisierte Christentum Einzug.

Das Mittelalter webt am „Flickerlteppich" der Kleinstaaterei

Das für die Lande am Obermain sicher folgenreichste Ereignis des Mittelalters war die Gründung des Bistums Bamberg durch den Ottonenkaiser Heinrich II. und seine Frau Kunigunde im Jahr 1007. Wenn man von so etwas wie einem Vorläufer Oberfrankens sprechen kann, dann muss man ihn in diesem Bistum suchen, dessen damaliger Sprengel den größten Teil des heutigen Regierungsbezirkes abdeckt. Der Bamberger Bischof wurde aber nicht nur als geistlicher Oberhirte wichtige Kraft in der Region, später war er in seiner Eigenschaft als weltlicher Fürst des Reiches größter Grundbesitzer zwischen Steigerwald und Frankenwald. Das östliche Oberfranken dagegen erhielt seine entscheidende Prägung durch die Hohenzollern, die im 13. Jahrhundert als Nürnberger Burggrafen und spätere Markgrafen von Kulmbach an Weißem und Rotem Main Fuß fassten. Ihr Staat setzte ein weltliches, nach der Reformation protestantisches Gegengewicht zum klerikalen, romtreuen Bamberg. Was beide Mächte nach endlosen Reibereien und auch Kriegen ein wenig näher brachte, war die Kunst der Barockzeit und des Rokokos. Während in Bamberg vor allem die Kirchenfürsten aus der Familie von Schönborn durch Mäzenatentum ihren Nachruhm zu steigern verstanden, übernahm in den markgräflichen Landen eine Frau, noch dazu eine Berlinerin, diesen Part. Diese Frau war die Lieblingsschwester des Preußenkönigs Friedrich II., Wilhelmine, die als Gattin des Markgrafen Friedrich im spröden Bayreuther Land anmutig heitere Glanzlichter des Rokokos setzte.

Ein Herzogtum versorgt Europa mit Regenten

Eine Sonderrolle spielt in all diesen Jahrhunderten das Coburger Land. Es war früh schon an die Henneberger und später an die Herrscher Sachsens, an die Wettiner, gefallen. So blieb man zwar fränkisch in der Wesensart und der Melodie des Dialekts, aber man ging dank seiner Herrschaft in vielen Dingen eigene Wege. Die typisch sächsischen Erkertürme der Renaissance an Coburgs Stadthaus und Rathaus sind architektonischer Beweis für diese Sonderrolle. Dem Herzogtum Coburg war auch die längste Eigenstaatlichkeit im fränkischen Raum vergönnt. Erst 1920 entschied man sich durch Volksabstimmung für Bayern und damit für Oberfranken. Zuvor machte sich Coburg als erstklassiges Biotop zur Hervorbringung thronverwendungsfähiger Männer einen Namen. Es sei nur an Leopold, den ersten König der Belgier, oder Albert, den Ehemann der schier endlos regierenden Queen Victoria, erinnert!

Romantiker entdecken das „Schweizerische" in Franken

Ein vielstimmiges Konzert ist dieses Oberfranken! Nicht nur, was seine Geschichte angeht. Auch Oberfrankens Landschaften sind von großer Vielgestaltigkeit. Dafür kann der Mensch im Prinzip nichts, sieht man davon ab, dass sein Wirken Naturlandschaften in Kulturlandschaften verwandelt hat. Urwälder, wilde Flüsse und unberührte Szenarien gibt es hier im Herzen Mitteleuropas längst nicht mehr, aber dennoch wirken viele Landschaftsbilder wie in der Fränkischen Schweiz oder dem Fichtelgebirge auf uns heute sehr ursprünglich. Die Romantiker der Zeit um 1800 legten gerade hier in Oberfranken für dieses Empfinden den Grundstein. Sie begannen, anders als ihre Zeitgenossen, Landschaften nicht mehr auf ihre Nützlichkeit hin zu „lesen" und zu beurteilen. Wir „Freizeitmenschen" heute sind ihre Brüder im Geiste, wenn uns die Szenerie des Felsendorfes Tüchersfeld oder das Granitchaos der Luisenburg innerlich in Verzückung versetzt. Neben den spektakulären „Highlights" wissen aber auch die „stillen Stars" mit sanften Reizen für sich einzunehmen. Steigerwald und Itzgrund sind solche pastoralen Perlen, deren harmonisierender Wirkung sich kaum jemand entziehen kann.

Oberfranken braut rekordverdächtig

Es gibt viel zu entdecken im Land der Vielfalt zwischen Frankenwald und Fränkischer Schweiz, zwischen Steigerwald und Fichtelgebirge. Und sollte man etwas nennen, was alle Oberfranken über Konfessions- und Kulturbarrieren hinweg eint, dann wäre die Antwort schnell gefunden: das Bier! Kein anderer deutscher Landstrich kann mit einer solch hohen Brauereidichte glänzen wie Oberfranken. Das meiste, was man da zusammenbraut, ölt heimische Kehlen und stellt in kürzester Zeit her, was hohe Politik und eifrigste Kulturmühen jahrhundertelang nicht geschafft haben: ein berauschendes Zusammengehörigkeitsgefühl!

Na denn Prost!

Links: Markgräfin Wilhelmine von Bayreuth mit Lieblingshund und Lieblingslektüre, 1750 von Antoine Pesne porträtiert.
Rechts: Kulmbachs Brauereien löschen seit dem 19. Jahrhundert weltweit Durst.

Marksteine im Gang der Geschichte

6./7. Jh.	Der germanische Volksstamm der Franken wandert vom Nieder- und Mittelrhein kommend in die Gebiete der heutigen drei fränkischen Regierungsbezirke ein. Er wird Namensgeber für das Land.
742/45	Bonifatius gründet die Bistümer Würzburg und Bamberg, deren Amtssprengel auch fast ganz Oberfranken abdeckt.
805	Im Diedenhofener Kapitular Karls des Großen werden die Orte Hallstadt bei Bamberg und Forchheim erwähnt. In diesen Handelsplätzen an der Grenze zu den Slawen durfte kein Waffenverkauf an diese potentiellen Feinde erfolgen. Die Regnitz scheidet offenbar noch immer überwiegend fränkische und überwiegend slawische Bevölkerung.
856-899	Die Könige Ludwig der Deutsche und Arnulf von Kärnten halten sich häufig in der bedeutenden Reisepfalz zu Forchheim auf.
911	In der Pfalz zu Forchheim wird der fränkische Konradiner Konrad I. zum deutschen König gewählt. Franken wird vorübergehend zum Kernland des Reiches.
1007	Das Kaiserpaar Heinrich II. und Kunigunde gründet gegen den Widerstand der Bischöfe von Würzburg und Eichstätt das Bistum Bamberg.
1192	Der Zollerngraf Friedrich aus dem Schwäbischen wird Burggraf von Nürnberg. Damit beginnt der Versuch der Hohenzollern zwischen Sächsischer Saale und Altmühl einen Territorialstaat in Franken aufzubauen.
1248	Die bairische Grafenfamilie von Andechs-Meranien stirbt aus. Die Bamberger Bischöfe und die Hohenzollern gehen langfristig als Gewinner aus dem vorübergehenden „Machtvakuum" am Obermain hervor.
1385	Errichtung des „Burggrafentums ob dem Gebirg" – Grundstein für die spätere Markgrafschaft Kulmbach bzw. Bayreuth.
1430	Die Hussitenheere aus Böhmen verwüsten weite Teile Oberfrankens. Wo nicht geplündert und gemordet wird, müssen hohe Brandschatzungen gezahlt werden.
1445/46	Dem Klosterschäfer von Langheim erscheint mehrfach das Jesuskind mit den vierzehn Nothelfern. Zum Platz des wunderbaren Ereignisses setzen die Wallfahrten zu den Vierzehnheiligen ein.
1500	Das Reich wird zur besseren Organisation in zunächst sechs, später in zehn Reichskreise eingeteilt. Das heutige Oberfranken gehört fast komplett zum ostfränkischen Reichskreis.
1528	Markgraf Georg der Fromme führt in seinen Landen die Reformation ein. Dem Katholizismus bleibt im oberfränkischen Raum letztlich nur noch das Gebiet des Bamberger Fürstbischofs.
1530	Der unter Reichsacht gesetzte Reformator Martin Luther verfolgt von der Veste Coburg aus den wichtigen Reichstag zu Augsburg.
1552-53	Markgraf Albrecht Alcibiades von Kulmbach versucht durch Krieg vor allem gegen die geistlichen Fürstentümer am Main ganz Franken unter seine Herrschaft zu bringen. Nach anfänglichen Erfolgen enden die Kriegszüge mit der Zerstörung der Plassenburg und der endgültigen militärischen Niederlage 1554.

Oben: *Kirchtürme beherrschen in Hartmann Schedels Weltchronik von 1492 die Silhouette Bambergs.*

1603	Der Markgraf von Brandenburg-Kulmbach verlegt seine Residenz von der Plassenburg nach Bayreuth, das damit Hauptstadt wird.
1625-30	Im Bistum Bamberg werden allein in diesem Zeitraum ungefähr 900 Hexen verbrannt. Die Verfolgung der vermeintlich vom Teufel Verführten wird in Bamberg so gründlich betrieben wie in kaum einer anderen Region Deutschlands.
1769	Die Bayreuther Linie der Hohenzollern erlischt, damit fällt das Fürstentum „ob dem Gebirg" an den Markgrafen aus der Ansbacher Linie.
1791	Markgraf Carl Alexander, der Regent der fränkischen Hohenzollernlande, kapituliert vor den hohen Schulden seines Landes und tritt sein Fürstentum gegen eine Leibrente an Preußen ab.
1793	Die beiden Erlangener Studenten Tieck und Wackenroder unternehmen eine Wanderung ins „Muggendorfer Gebirg". Mit ihren Reisebeschreibungen zählen sie zu den Vätern der deutschen Romantik. Das Gebiet, das wir heute „Fränkische Schweiz" nennen, wird von ihnen als romantische Ideallandschaft entdeckt.
1803	Das Fürstbistum Bamberg fällt im Rahmen der Säkularisation an Bayern, 1810 folgen die einstigen Zollerngebiete Frankens.
1837	Der Obermainkreis wird in Oberfranken umbenannt. Dieser künstliche, nicht historische Begriff hat sich als Landschaftsbezeichnung erfolgreich etabliert.
1846	Der Ludwig-Donau-Main-Kanal erreicht Bamberg, das damit wieder Hafenstadt wird.
1876	Erstmals finden im Festspielhaus auf dem Grünen Hügel in Bayreuth die von Richard Wagner initiierten Festspiele statt.
1920	Nach einem Volksentscheid gegen die Zugehörigkeit des einstigen Herzogtums Coburg zu Thüringen wird das Land Teil Bayerns und damit Oberfrankens.
1972/1975	Bamberg und Bayreuth werden Universitätsstädte.
1993	Bambergs wohl erhaltene Altstadt wird von der UNESCO zum Weltkulturerbe erklärt.
2004	Die erfolgreiche Forchheimer Landesausstellung „Franken im Mittelalter" trägt zur Stärkung des fränkischen Regionalbewusstseins bei.

Jedes Tal hat seine Höhle, jeder Felsen seine Burg

Bizarre Felsen und weite Höhen, garniert mit Burgen und Ruinen, trugen dem Tal der Wiesent und ihrer Nebenbäche das Prädikat „Schweiz" ein.

Wie aus dem Bilderbuch der Romantiker

Eigentlich sind die Erlangener Studenten an allem schuld! Natürlich nicht alle, zumindest aber die Herren Wackenroder und Tieck, die die vorlesungsfreie Zeit über Pfingsten 1793 nutzten, um die Feder gegen den Wanderstab einzutauschen, um den Landstrich, den man damals noch wenig originell das Muggendorfer Gebirg nannte, zu erkunden. Die landschaftlichen Sensationen, die die beiden romantisch empfänglichen Gemüter dort erwarteten, entlockten ihnen regelrecht hymnische Lobpreisungen, was bei Ludwig Tieck folgendermaßen klingt: „Es ist eine Gegend, die zu tausend Schwärmereien einladet, etwas düster melancholisch und dabei doch so überaus freundlich. Oh, die Natur ist doch an Schönheit unerschöpflich." Diese „Gegend", der man zuvor nur wenig Vorteilhaftes abgewinnen konnte, wurde nun

mit ganz neuen Augen gesehen. Es waren die Augen der aufkommenden „Freizeitgesellschaft", die eine Landschaft nach ihrem Stimmungswert, nach ihrer Ursprünglichkeit beurteilte und nicht nach der Ergiebigkeit ihrer Böden und ihrer Tauglichkeit für bequeme Verkehrswege. Auf Qualitäten dieser Art hatten die Aufklärer des späten 18. Jahrhunderts geachtet, die jungen Romantiker dagegen suchten Landschaften für die Seele und fanden sie in den engen Tälern der Fränkischen Schweiz. Wir tun es ihnen heute noch gleich, auch wenn der Wanderstab mittlerweile durch eine Harley-Davidson oder einen Caravan ersetzt worden ist.

Wo Heiliges und Teuflisches eng beieinander liegen

Müsste man einen Ort benennen, der alles, was die Fränkische Schweiz auszeichnet, in konzentrierter Form aufweist, käme man um Pottenstein nicht herum. Ein Bühnenbildner hätte die Szenerie nicht wirkungsvoller erfinden können: Von den klaren Wassern der Püttlach durchströmt, duckt sich das altfränkische Städtchen unter seine trutzige Burg auf mächtigem Felsen. Das abweisende Gemäuer half einst dem Bamberger Bischof seine Besitzungen zu sichern, gewährte aber auch einer späteren Heiligen Asyl. Die thüringische Landgräfin Elisabeth wurde hier von ihrem Onkel, dem Bischof von Bamberg, aufgenommen, nachdem sie der eigene Schwager samt Kindern von der Wartburg vertrieben hatte. Elisabeths Gatte war beim Kreuzzug Kaiser Friedrichs II. gestorben und die junge Witwe neigte aus wahrer christlicher Überzeugung mitunter zu Mildtätigkeitsexzessen. Eine solch konsequente Anwendung christlicher Prinzipien erschien der Landgrafenfamilie auf Dauer zu kostspielig.

Elisabeth, vor den eigenen Verwandten fliehend, suchte eine Zufluchtsstätte und fand sie im Felsennest Pottenstein. Dort hält man ihr Andenken nach wie vor in Ehren – auf dem kleinen Marktplatz erinnert ein Brunnen an das berühmte Rosenwunder. Wem all das zu weihrauchlastig ist, den lässt Pottenstein aber auch ein wenig diabolischen Schwefelgeruch schnuppern, zumindest in übertragenem Sinne. Die

Vorangegangene Seiten: Fast wie eine zweite Stadtmauer: der Felsenkranz um Pottenstein. Links: Zum Fest der Heiligen Drei Könige verwandeln unzählige Feuer die Pottensteiner Talhänge in leuchtende Wände.

CAFE

längste Schauhöhle der Fränkischen Schweiz mit ihrem kilometerlangen Tropfsteinparcours trägt den viel versprechenden Namen Teufelshöhle – der Chef der Hölle ließ sich aber zum Glück noch nie in seiner vermeintlichen Behausung blicken, wahrscheinlich hat er wenig Talent zum Troglodyt!

Schweiz ohne Schweizer aber mit Franken

Was den Bachtälern von Wiesent, Püttlach, Trubach und Aufseß zum Namen „Fränkische Schweiz" verhalf, lässt sich am Beispiel des Dorfes Tüchersfeld exemplarisch zeigen. Es ist ein Bilderbuchdorf mit Fachwerkhäusern und unverwechselbarer felsenreicher Silhouette, ohne die heute oft störenden Neubaugebiete, die sich leider meist wie Stadtrandsiedlungen ausnehmen. Ein solches Ensemble findet unseren ungeteilten Beifall, glauben wir doch nur zu bereitwillig, hier ein Stück heile Welt greifen zu können. Unsere Sehnsuchtsbilder einer vorindustriellen und vortechnisierten Zeit scheinen sich in einem Dorf wie es Tüchersfeld ist, zu materialisieren. Seit den Tagen der eingangs schon erwähnten Romantiker stellt nicht nur die Zukunft, sondern auch die Vergangenheit eine Verlockung dar, ja sie wurde im 19. Jahrhundert sogar als ernst zu nehmender Ratgeber für die Lösung höchst gegenwärtiger Fragen herangezogen. Eine Portion Fortschrittsskepsis sitzt seit den Tagen der Romantiker tief in uns allen. Den Romantikern war die Schweiz Inbegriff eines schönen Landes. Sie bewunderten die himmelhohen Felsen, die fjordartigen Seen, wilde Schluchten und dazwischen die vom Menschen der Natur abgerungene Kulturlandschaft.

Fast alles das bietet unser kleines Abbild der Schweiz im Fränkischen ebenfalls, vielleicht sogar ein bisschen leichter konsumierbar. So heißt es bei Joseph Heller

Links: Das Felsendorf Tüchersfeld spiegelt sich in der Püttlach.

in einem Wanderbuch aus dem Jahre 1829 treffend: „Was die Schweiz im Großen ist, findet man hier in verjüngtem Maßstab, und oft für das Auge angenehmer, indem man es überschauen kann, statt dass dort in manchen Gegenden der winzige Mensch die Größe der Natur nicht zu sehen vermag und von den ungeheuren Felsmassen gleichsam erdrückt wird."

Die älteste dieser „Schweizen" ist die Sächsische Schweiz, bald folgte ihr die Fränkische, mittlerweile haben sich die Schweizen weltumspannend ausgebreitet; es gibt sogar eine in Neuseeland, die auf den schönen Namen südpazifische Schweiz hört.

Links: Burg Rabenstein im Ailsbachtal gefiel schon dem bayerischen König Ludwig I.
Unten: Mühlenromantik in der Fränkischen Schweiz.
Nachfolgende Seiten: Über allen Nebeln thront Burg Gößweinstein.

Viel Felsen gabs und wenig Brot

So schön uns Erholungssuchenden die Täler und Höhen der Fränkischen Schweiz erscheinen mögen, so sehr hatten die früheren Bewohner des karstigen Landes ihre Mühe mit dem täglichen Broterwerb. Die Böden gaben wenig her, ausbeutbare Bodenschätze fanden sich kaum und auf beinahe jedem Felsen saß in seiner Burg auch noch ein Feudalherr, der vom wenigen, das man erwirtschaftete, auch noch etwas abhaben wollte. Wen wunderts, dass die meisten Burgen des Gebiets im Bauernkrieg geplündert wurden und in Flammen aufgingen? – Auch Burg Rabenstein entging dem Schicksal häufiger Zerstörungen nicht, hatte aber das Glück, in der Zeit der größten romantischen Begeisterung vor über eineinhalb Jahrhunderten wieder aufgebaut worden zu sein. Die Grafen von Schönborn ließen sich vom Zeitgeist mitreißen und gaben dem win-

dungsreichen Ailsbachtal seinen baulichen Höhepunkt wieder. Unweit locken als Zugabe Sophienhöhle und Klausstein-kapelle als pittoreskes Ensemble, das schon Ludwig Richter in helles Entzücken versetzte und zum Zeichenstift greifen ließ.

Pilgerstätte für Burgenfreunde und Wallfahrer

Anderes Tal, ähnliches Bild: auf steilem Fels hockt wie ein Adlernest Burg Gößweinstein über dem Wiesenttal. Auch hier fanden sich im 19. Jahrhundert burgenbegeisterte Eigenheimsucher und verwandelten die etwas ramponierte einstige Amtsburg der Bamberger Vögte in ein bühnenbildtaugliches Schmuckstück. Dennoch gehört die Behauptung, Gößweinstein habe Richard Wagner beim Bild der Gralsburg in seinem Parsival vorgeschwebt, ins Reich der fremdenverkehrsfördernden Legenden! Legendenreich präsentiert sich auch Gößweinsteins zweite Attraktion, die Wallfahrtskirche zur Heiligen Dreifaltigkeit. Mit dieser Gnadenstätte hatten die Gößweinsteiner großes Glück, denn die Wallfahrer brachten seit dem 15. Jahrhundert wenigstens ein bisschen Wohlstand in den Ort. Über 50.000 Gläubige pilgern noch heute alljährlich zur Gnadenstätte in der Basilika, die kein Geringerer als Balthasar Neumann zu einem Fest für die Sinne und zum würdigen architektonischen Ausdruck der Dreifaltigkeit formte.

Oben: Bizarre Felsen erinnern an ihre „großen Verwandten" in der eidgenössischen Schweiz.
Rechts: Burg Egloffstein hoch über dem Trubachtal wird bis heute von der gleichnamigen Familie bewohnt.

Heute Blickfang, früher Kugelfang: Egloffstein

Als die Egloffsteiner kamen, dürfte es in der fränkischen Schweiz noch ziemlich viel „Burgerwartungsland" gegeben haben, gehört die Familie doch zu den ältesten Adelsfamilien Frankens. Sie suchten sich für ihren Sitz einen vortrefflichen Platz über dem luftigen Trubachtal. Die malerische Baugruppe verrät durch ihre Vielgestaltigkeit eine lange Baugeschichte. Was Markgrafenkrieg, Bauernkrieg und Dreißigjähriger Krieg zerstörten und die nachfolgenden Zeiten neu bauten, wuchs zu einem malerischen Ensemble mit vielen Narben der Geschichte heran. Konsequenterweise verdanken wir die jüngste Erneuerung der Burg auch einem „Kriegsmann"; Baron Albrecht von Egloffstein, der renovierende Besitzer, war nämlich Oberstleutnant der Bundeswehr.

Normalerweise empfiehlt man, die Kirche im Dorf zu lassen, hier in Egloffstein gehört das Gotteshaus eindeutig der Burg. Aus gutem Grund, denn die Egloffsteiner waren nicht nur die weltlichen Herren. Nach der Einführung der Reformation waren sie auch die Kirchenoberen in ihrem kleinen Herrschaftsbereich und in ihrer Burgkapelle war nun die Pfarrgemeinde Dauergast.

Motorräder statt Mühlräder

Im Tal unter der Burg und dem hangerkletternden Dorf Egloffstein zwangen einst zahlreiche Mühlen die Trubach zur Arbeit. Ein kleines Mühlenmuseum im Ort erinnert daran. Die meisten haben heutzutage ausgeklappert, sind Gasthäuser für Motorradfreaks, Pensionen oder Zweitwohnsitz für Städter mit Ursprünglichkeitsfimmel. Die Trubach musste wie alle anderen Wasser der Fränkischen Schweiz aber auch noch ganz andere Arbeiten verrichten. Das Wasser war und ist der wichtigste Landschaftsbildner unserer Bilderbuchlandschaft. Zunächst mussten im Wasser eines Urmeeres Kleinlebewesen mit ihren kalkhaltigen Bestandteilen die mächtigen Gesteinsschichten

aufbauen, die später dann wiederum das Wasser so anfressen und ausspülen konnten, dass die heute bewunderten bizarren Felsformationen als Arbeitsnachweis übrig blieben. Selbst im Gestein wurde das Wasser nicht müde, wusch Kalk aus dem Felsen, schuf sich unterirdische Bachläufe und bescherte uns damit die Wunderwelt der Tropfsteinhöhlen. Auch Stalagmiten und Stalagtiten verdanken ihre Entstehung dem steten Tropfen, der den Stein höhlt, indem er an einer Stelle den Kalk auslöst und ihn an anderer Stelle wieder freigibt, damit sich der Stein aus des Tropfens Kalk wieder aufbauen kann.

Wunderbare Höhlenwelt

Über 800 Höhlen weisen Fränkische und Hersbrucker Schweiz auf und damit darf

man hier getrost auch auf beachtliche innere Werte hoffen! Die schönsten dieser Unterwelten kann man mit einer Führung besichtigen. In Bing- und Teufelshöhle geizen die Begleiter nicht mit phantasievollen Bezeichnungen für die kalkigen Gewächse, die ihren Ursprung meist weniger der Form der Tropfsteine als vielmehr des Wirkungsgrades der Obstbrände – auch sie sind für die „Fränkische" typisch – verdanken. Natürlich hat in einer solch traditionsreichen Gegend auch das seine eigene Tradition. Bereits 1784 wurde vom markgräflichen Hof die Stelle eines Höhleninspektors geschaffen. Die erste Fachkraft auf diesem Posten war ein gewisser Johann Georg Wunder, der bei seinen Führungen, seinem Namen Ehre machend, durch Sprachkraft und Bildreichtum dafür sorgte, dass die Besucher aus dem Wundern nicht mehr herauskamen! Höhlengeschichten gibt es viele zu erzählen, schließlich sahen die Höhlen weitaus mehr Besucher als nur die heutigen touristischen. Bären zum Beispiel nutzten die Höhlen ebenso als Versteck wie später viele Dörfler im Dreißigjährigen Krieg. Manche Höhle wurde früher als Lager oder als Vorratsraum genutzt und in Pestzeiten wurden in ihnen nicht selten Leichen entsorgt! In Krögelstein dagegen war in Höhlenräumen

Links: Die Binghöhle in Streitberg bezaubert durch ganze Spaliere von Stalagmiten und Stalaktiten.
Unten: Der voluminöse Barbarossa ist der König unter den Stalagmiten der Teufelshöhle bei Pottenstein.

das Leben zuhause. Dort hatten die Einwohner manche Wohnhäuser um Räume in den dahinter liegenden Felsen vergrößert. Für den Oberfranken mag das die optimale Kombination der beiden wichtigsten Räume sein, die der Mensch als Heimstatt braucht: Wohnzimmer und Bierkeller!

Ein tragischer Stuhlgang

Wo das Wiesenttal sich weitet, flankieren die Ruinen Streitberg und Neideck den Lauf des kleinen Flusses. Die Namen klingen nach viel Missgunst und Hader und genau davon gab es hier ausreichend. Beide Burgen hatten die Aufgabe, das wich-

tigste Tal der Fränkischen Schweiz und die wichtige Durchgangsstraße von Forchheim nach Bayreuth zu kontrollieren. Beide Burgen gehörten im Mittelalter den mächtigen Herren von Schlüsselberg. Einem dieser Schlüsselberger auf Burg Neideck spielte das Schicksal besonders übel mit. Konrad von Schlüsselberg hatte 1347 die Nürnberger Burggrafen und den Würzburger Bischof durch die Errichtung einer neuen Zollstelle im Wiesenttal so frech provoziert, dass diese sich zu einer Belagerung der Burg Neideck entschlossen. Mitten in dieser Belagerung nötigte Konrad ein menschliches Bedürfnis auf den

Oben: Ruine Neideck über der Wiesent ist das Wahrzeichen der Fränkischen Schweiz.

Abtritt, der begreiflicherweise über die Mauer auskragte. Es sollte sein letzter Stuhlgang werden, denn die Belagerer bemerkten, was vor sich ging und justierten ihre Wurfmaschinen erfolgreich auf dieses ungeschützte Ziel!

Neid grüßt Streit

Nach dem Aussterben der Schlüsselberger fielen Burg Neideck an den Bamberger Bischof und Streitberg letztlich an den Markgrafen. Doch die beste Zeit der Felsennester war bald darauf im Zeitalter der modernen Massenheere des 17. Jahrhunderts endgültig vorüber, was für Burg Neideck bedeutete, dass man sie bereits im 18. Jahrhundert zum Teil abbrach, um den darunter liegenden Stein als Ausstattungsmaterial für den Kaisersaal der Würzburger Residenz zu verwenden. Auch die stolze Burg Streitberg endete ganz unmilitärisch nach 1811 als Steinbruch! Es fanden sich im Gegensatz zu Pottenstein oder Gößweinstein leider keine Gönner, deren Liebe fürs alte Gemäuer größer gewesen wäre als die zum eigenen Vermögen. Vielleicht klangen auch die Namen zu abschreckend, schließlich reimte schon Viktor von Scheffel:

„Mit Namen sind sie bös genannt:
Links droht der Berg des Streites,
Rechts brüstet auf der Felsenwand
Sich breit das Eck des Neides."

Das Walberlafest – ein aussichtsreicher Biergenuss

Nach der landschaftlich eindrucksvollen Schleife der Wiesent zu Füßen der Ruine Neideck weitet sich das Tal, wird freundlich, fast heiter. Nur noch wenige Kilometer trennen das Flüsschen von seiner Mündung in die Regnitz. Zuvor zieht aber noch einer der markantesten Gipfel Frankens, die Ehrenbürg, die Blicke auf sich. Der Volksmund kennt das nackte Bergeshaupt unter dem Namen des niedrigeren der beiden Gipfel als Walberla und der Feier-Franke, von denen es übrigens nicht eben wenige gibt, liebt es am ersten Sonntag im Mai besonders heiß. Dann nämlich findet hier in über fünfhundert Metern Höhe eines der aussichtsreichsten Kirchweihfeste des Landes statt. Hervorgegangen ist diese heutzutage doch recht weltliche Vergnügung aus dem Patroziniumsfest der Walpurgiskapelle und lässt sich bis ins 14. Jahrhundert zurückverfolgen. Damals wurde sogar ein Kirchweihschutzgeld erhoben! Die mittelalterlich frommen Gäste waren aber bei weitem nicht die ersten, die sich für den Berg be-

Unten: Der Wiesent malerische Ufer versetzten nicht nur im 19. Jahrhundert Romantiker in entzücken.

geisterten. Von der Jungsteinzeit bis zum Beginn der Völkerwanderung war die Ehrenbürg fast durchgehend besiedelt oder zumindest zu Verteidigungszwecken genutzt. Die Kelten hatten sogar eine regelrechte Stadtanlage mit Wällen errichtet, ob sie allerdings ständig bewohnt war, scheint angesichts der schwierigen Wasserversorgungslage durchaus zweifelhaft. Auf jeden Fall ist der Berg eine ergiebige archäologische Fundgrube. Eine nachgebildete etruskische Schnabelkanne, Bernstein von der Ostsee und ein griechisch-antikes Parfümfläschchen zählen zu den Funden, die belegen, dass hier ein keltischer Mittelpunkt von überregionaler Bedeutung bestand. Außerdem gedeihen auf den zugigen Höhen allerlei seltene Pflanzenarten wie das Habichtskraut, was die Bewahrer der Ehrenbürg als Natur- und Geschichtsdenkmal vor nicht geringe Probleme stellt. Intensive Nutzung durch unsere moderne Freizeitgesellschaft vom Wandern übers Drachenfliegen bis hin zum Klettern und Feiern vertragen sich nur selten mit dem Schutz sensibler Flächen. Im Interesse nachfolgender Generationen ist zu hoffen, dass wir es schaf-

fen, uns alle ein wenig zurückzunehmen, dass wir nicht um jeden Preis alles machen, was uns möglich ist. Dann hat auch die Ehrenbürg gute Chancen so zu bleiben, wie sie schon Dürer auf seiner Radierung „Die große Kanone" von 1518 festgehalten hat.

Das Geburtstagskind wird 1200!

Städte, die diese Bezeichnung auch tatsächlich rechtfertigen, gab es in der Fränkischen Schweiz keine. Dazu sind die topographischen Verhältnisse zu ungnädig – noch heute sind Pottenstein, Waischenfeld oder Hollfeld nur Winzlinge. Aber am Rande des Gebirges in der breiten Regnitzfurche gedieh so etwas wie eine Metropole der Region: Forchheim.

Die Stadt ist alt, feiert 2005 ihren zwölfhundertsten Geburtstag. Im Jahre 805 wurde sie im Capitulare Karls des Großen zum ersten Mal erwähnt. Sie war damals ein wichtiger Handelsplatz an der Grenze zu den Slawen! Forchheim spielte in der Entwicklung Frankens vom 9. bis zum 11. Jahrhundert eine nicht unbedeutende Rolle, fanden hier doch eine Reihe wichtiger Reichsversammlungen statt. 1007 gehörte Forchheim zum Gründungsgut des Bistums Bamberg. Es war jahrhundertelang nach der Hauptstadt Bamberg die zweitgrößte Stadt des Landes und mit dem Bau moderner Bastionsbefestigungen im 16. und 17. Jahrhundert auch dessen stärkste Festung. Dieser Panzer aus Bastionsmauern, Wällen und Wassergräben war aber wie so

Oben: Hinter felsbewehrtem Gipfel duckt sich die Walpurgiskapelle, die dem Walberla den Namen gab.
Links: Im Winter schmückt der Frost das riesige Portal der Ludwigshöhle mit eisigen Stalagmiten und Stalaktiten.

oft militärischer Schutz und Wachstumsbremse in einem. Die Stadt durfte sich nicht über dieses Weichbild ausdehnen, denn auch die Flächen vor der Befestigung hatten als Schussfeld frei zu bleiben. Erst mit dem Abriss der meisten Mauern im 19. Jahrhundert, dem Bau der Eisenbahn und des Ludwig-Donau-Main-Kanals setzten in Forchheim wieder Wachstum und nun auch Industrialisierung ein. Zum Glück beeinträchtigte dieser Wandel den wohl erhaltenen Organismus der Altstadt nur an wenigen Stellen. Nach gelungenen Maßnahmen zur Altstadtsanierung und der Verkehrsberuhigung der Innenstadt macht das Bummeln durch die alten Gassen wieder Spaß. Das Juwel unter Forchheims alten Plätzen ist der Rathausplatz. Soviel reiches Fachwerk nebeneinander findet sich in Franken höchstens in Miltenberg ein zweites Mal. Neben dem aufwändig gestalteten spätgotischen Rathausbau mit betont weitem Ständerabstand kontrastiert der angrenzende Magistratsbau mit engmaschigem Renaissance-Zierfachwerk. Besonders in den Adventstagen zieht das Rathaus alle Blicke auf sich, denn dann verwandeln sich seine Fenster in die Türen eines monumentalen Adventskalenders, des vielleicht schönsten seiner Art in Deutschland.

Kaiserpfalz war Bischofsburg

Auch in anderen Winkeln der Altstadt finden sich pittoreske Partien wie das viel fotografierte Katharinenspital, dessen Stützen in der Wiesent stehen, oder die bedenklich schief geneigte Kammerersmühle. Historisch wichtigster Bau aber ist die so genannte Kaiserpfalz. Der Name übertreibt ein wenig, denn die malerische Gebäudegruppe war lediglich eine Burg der Bamberger Bischöfe. Zur Bayerischen Landesausstellung 2004, die sich mit dem Thema „Franken im Mittelalter" beschäf-

tigte, wurden ihre Räume, die zum Teil noch wertvolle Profanmalereien der Gotik schmücken, generalüberholt. All das sind bereits Vorboten des großen Stadtjubiläums 2005, wenn die Forchheimer ihren ehrwürdigen Geburtstag feiern werden. Und feiern können die Forchheimer!

Oben: Der Brunnen vor dem Forchheimer Rathaus prunkt mit österlichem Schmuck.
Links: Forchheims so genannte Kaiserpfalz war Burg des bischöflichen Stadtherren.

Das üben sie schließlich schon seit einigen Jahrhunderten beim Annafest. Die unvorstellbare Menge von 30.000 Sitzplätzen, was ungefähr einen Platz pro Einwohner ausmacht, reicht kaum aus, wenn man im Kellerwald die heilige Anna hochleben lässt. Zum Glück fällt der Tag der heiligen Anna auf den 26. Juli, da ist es erfahrungsgemäß schön heiß und die Brauer sollen ihre Sonderschichten für diese „heiligen Tage" wirklich noch nie vergebens eingelegt haben müssen!

Wo sich sanfte Hügel und kunstreiches Weltkulturerbe treffen

Die maßvolle Hügellandschaft des Steigerwaldes mit ihren breiten Talgründen überrascht mit architektonischen Kostbarkeiten. Bambergs Altstadt ist pittoresker Spiegel einer mehr als tausendjährigen Geschichte.

Eine Landschaft hält Maß

Westlich der Regnitz findet sich mit dem Steigerwald das rechte „Kontrastprogramm" zur Fränkischen Schweiz. Statt schroffer Felsen begrenzen hier sanfte Hänge die Täler und die mäandernden Bäche haben es lange nicht so eilig, der Regnitz zuzufließen, wie ihre hektischen Kollegen Wiesent und Co. Dementsprechend heißt der Leitfisch auf der Steigerwälder Speisekarte auch Karpfen und nicht Forelle.

Es sind eher verhaltene Reize, mit denen das maßvolle ausgeglichene Land zwischen Main, Regnitz und Aisch lockt. Selbst der Begriff Mittelgebirge erscheint angesichts der sanften Hügel ein wenig wie Hochstapelei. Lediglich an seinem westlichen Rand, bei Iphofen oder Castell etwa, steigt der Steigerwald steil an und macht zumindest an diesen Stellen die Frage nach der Herkunft seines Namens überflüssig.

Dennoch findet sich auch Spektakuläres in dieser unspektakulären Landschaft, gedieh Großartiges inmitten einer Gegend, deren Hauptcharakteristikum das Kleinteilige ist. Schloss Weißenstein in Pommersfelden und das einstige Zisterzienserkloster Ebrach überraschen mit Bauten, deren Größe und Qualität zwischen Nordsee und Alpen keinen Vergleich scheuen müssen. Sie sind die „Ausreißer", verkörpern die Sehnsucht nach dem Maßlosen,

von der selbst eine so bescheidene, maßvolle Region wie der Steigerwald offenbar nicht frei ist.

Der Bauwurm – ein kostspieliges Leiden

„Das ganze Geld ist nur dazu da, schöne Monumente zu hinterlassen" meinte Fürst Karl Eusebius von Liechtenstein im Wien des 17. Jahrhunderts und beschrieb damit treffend die Bauleidenschaft eines barocken Zeitalters. Was für einen Liechtenstein recht war, konnte für einen Schönborn nur billig sein. So wandelte diesem Motto folgend der Mainzer Kurfürst und Bamberger Fürstbischof Lothar Franz von Schönborn ein Präsent von 100.000 Gulden aus der Schatulle Kaiser Karl VI. in das prächtige Schloss Weißenstein zu Pommersfelden um. Das schöne Sümmchen war eine Erkenntlichkeit des Kaisers dafür, dass Lothar Franz 1711 die Wahl des Habsburgers zum Kaiser beim Kurfürstenkollegium durchgesetzt hatte. Unverzüglich begannen die Planungen zu einem großzügigen Schlossbau, der Reichsidee, Größe des Kaisers und Glanz des kurfürstlichen Bauherrn gleichermaßen illustrieren sollte. Dem erfahrenen Baumeister Johann Dientzenhofer wurde die Aufgabe übertragen, die architektonischen Luftschlösser des Kurfürsten zu materialisieren, was gewiss keine leichte Aufgabe war in Anbetracht der Tatsache, dass der Auftraggeber sich selbst für einen befähigten Architekten hielt. Als man 1718 die Schlosskapelle weihte, war nach vielen fruchtbaren Diskussionen zwischen Bauherr und Baumeister das wohl bedeutendste Privatschloss des deutschen Barocks entstanden. Es war tatsächlich ein Privatschloss, wurde doch aus seinen Mauern nie ein Staat regiert, war seine einzige Aufgabe immer die, den famosen Kunstgeschmack seines fürstlichen Initiators der Nachwelt zu übermitteln.

Barock meets Hollywood

Den Menschen des 21. Jahrhunderts bietet Schloss Weißenstein also die seltene Gelegenheit, in die wohl erhaltene Geschmackswelt eines Barockmenschen einzutauchen. Manches ist dem modernen Auge stark gewöhnungsbedürftig, wie etwa der Grottensaal, den schon der Bauherr in Briefen als „Curiosität", als besonderen „Gusto", verteidigen musste. Dieser Raum, der Bindeglied zwischen Schloss und Garten war, überrumpelt den Besucher mit einer skurrilen Mischung aus seriösem Kunst-

Vorangegangene Seiten: Die ehemalige Zisterzienserklosterkirche Ebrach ist seit über 700 Jahren steingewordenes Gotteslob.
Oben: Mit großer Geste empfängt der Ehrenhof des Schlosses Weißenstein in Pommersfelden.
Nachfolgende Seiten: Grotesk mutet der Grottensaal in Schloss Weißenstein an.

wollen, billigen Effekten und den Früchten eines überbordenden Dekorationseifers. Barock meets Hollywood, könnte aus heutiger Sicht das Motto dieses Saales lauten und in der Tat sollten solche Schöpfungen die höfische Gesellschaft für ein paar Augenblicke in eine andere Welt, in eine Illusion, entführen.

Illusionen spielten auch bei der Gestaltung des Treppenhauses eine wichtige Rolle. Wer hätte zu des Kurfürsten Zeit dieses wahrhaft imperiale Stiegenhaus mit Leben erfüllen können? Welcher Hofstaat hätte von den Loggien aus die glanzvollen Auftritte des europäischen Hochadels würdigen sollen? Hier in der fränkischen Provinz gab es für diese Kulisse weder die passenden Akteure noch die angemessenen Stücke. Das Treppenhaus, das bei seiner Vollendung das innovativste seiner Art in Deutschland war, blieb lediglich eine Inszenierung seiner selbst. Kurfürst Lothar Franz schuf sich mit seiner „Erfindung", so reklamierte er die schöpferische Idee zur Raumgestaltung für sich, ein architektonisches Ambiente, das des Bauherrn heimliche Ambitionen entlarvt. An mir ist der Welt ein Herrscher großen Formats verloren gegangen, lautet die unmissverständliche Botschaft dieses Raumes. Sogar die von Rudolf Byss an die Decke freskierten Erdteile scheinen diesen Anspruch eines deutschen Provinzbischofs zu bekräftigen! Leider konnte das Portemonnaie des Lothar Franz nicht ganz mit den Visionen von Größe und Glanz mithalten, so dass den nachfolgenden Generationen nicht nur ein famoses Zeugnis des Geschmacks des Bauherrn, sondern auch immer ein kleiner Vorrat abzuzahlender Schulden blieb. Zum Glück erhielten Traditionsbewusstsein und Familiensinn der Schönborns diese bedeutende Schöpfung des fränkischen Barock bis heute.

Links: Das Treppenhaus des Schlosses Weißenstein war die grandiose Visitenkarte des Kurfürsten Lothar Franz von Schönborn.
Nachfolgende Seiten: Der Altenburg über Bamberg verhalf die Burgenbegeisterung des 19. Jahrhunderts zu neuem alten Glanz.

Bamberg: ein „deutsches Rom"?

Eines hat Bamberg mit Rom auf jeden Fall gemeinsam: es ist nicht auf sieben Hügeln erbaut! Aber deswegen schmückte man die Stadt an der Regnitz wohl kaum mit dem Beinamen „deutsches Rom". Die zahlreichen Kirchen, der allgegenwärtige Katholizismus und mancher barocke Vorgeschmack auf Italien mögen Anlass gegeben haben, hier in Oberfranken an Rom zu denken. Wie immer bei solchen Vergleichen tut man beiden Verglichenen Unrecht. Bamberg ist Bamberg, hat unverwechselbaren Charakter und ist als Ganzes völlig zu recht von der UNESCO zum Weltkulturerbe erklärt worden. Reden wir erst wieder von einem „deutschen Rom", wenn sich Rom gefallen lässt, ein „italienisches Bamberg" genannt zu werden!

Was den einzigartigen Charme der Stadt ausmacht, ist ihr beinahe unversehrt erhaltener Altstadtkern. Bambergs Bausubstanz musste in kaum einem Krieg nennenswerte Einbußen erleiden. Die Stadt

war nie komplett ummauert, weil sich Bischof und Bürger im Laufe der Geschichte nicht so recht über die Kostenverteilung einigen konnten. Möglicherweise liegt darin der Grund, warum sie in den Kriegen früherer Jahrhunderte nie zum strategischen Objekt der Begierde für eine Kriegspartei wurde. Kein Eroberer hätte die nahezu unbefestigte Stadt gegen erneute Eroberungsversuche halten können.

Wehrlosigkeit war offenbar für Bamberg ein erfolgreiches Verteidigungskonzept!

Barock nur auf den ersten Blick

Über elfhundert Jahre hat die alte Dame Bamberg auf ihrem buckligen Pflaster, und wie bei einer richtigen Dame, sieht man ihr das wahre Alter nicht an. Zwei „Liftings“ sorgten für das adrette Äußere. Zum einen trieb die Barockzeit mit ihrem Bau- und Modernisierungseifer den Stra-

Oben: Dom und Michelsberg dominieren Bambergs Altstadt.

ßenbildern das Mittelalter aus und zum anderen sorgten vorbildliche denkmalpflegerische Maßnahmen in den letzten Jahrzehnten dafür, dass Bambergs Altstadt nach sehr viel Vergangenheit nun auch Zukunft hat. Wer genau hinsieht, kommt der vermeintlichen Barockstadt schnell auf die Schliche. Meist verbirgt sich hinter Fassaden des 18. Jahrhunderts ein Kern, der seine mittelalterliche Entstehung nicht verleugnen kann.

Das „Kind" des Kaiserpaares

Bambergs großartigstes Bauwerk dagegen zeigt sein mittelalterliches Gesicht voller Stolz und beinahe gänzlich unverändert: der Dom Sankt Peter und Sankt Georg. Der großartige Bau entstand in einer Zeit, in der moderne, aus Frankreich stammen-

Oben: Elegant und kraftvoll schließen Friese und Gesimse die Wände des Bamberger Domes ab.
Rechts: Der spätromanische Bamberger Dom ist eine Schöpfung des 13. Jahrhunderts.

de Architekturformen, die wir heute als gotische bezeichnen, die erdenschwereren der Romanik zu verdrängen begannen. Die Auftraggeber des Bamberger Domes waren modern und altmodisch zugleich.

Während die Architektur sich zunächst nur zögerlich dem neuen Stil annähert, ist der Figurenschmuck das modernste, was in jener Zeit in Deutschland geschaffen wurde. Leider kennt man weder die Architekten noch die Bildhauer, die hier zu Werke gingen. Selbst genauere Baudaten fehlen, nur die Weihe ist für den 6. Mai 1237 überliefert. Dieser 6. Mai war der Geburtstag des Bistumsgründers, des heilig gesprochenen Kaisers Heinrich II. Er und seine ebenfalls heilig gesprochene Gattin Kunigunde sorgten mit ihrer Stiftung 1007 dafür, dass aus dem „Castrum Babenberch" der bedeutende und nur dem Papst unterstellte Bischofssitz Bamberg wurde. Der Dom kündet noch heute von dieser Ausnahmestellung unter den Kirchen des Reiches, er ist der steingewordene christliche Reichsgedanke des hohen Mittelalters! Und da das stiftende Kaiserpaar kinderlos geblieben war, darf man in Bamberg getrost auch das „Adoptivkind" des letzten ottonischen Herrschers sehen.

Ein Denkmal der Reichsidee

Tilman Riemenschneider schuf dem Kaiserpaar Anfang des 16. Jahrhunderts ein eindrucksvolles Erinnerungsmal. Es steht am Aufgang zum Ostchor und erinnert an die weltliche Macht im Heiligen Römischen Reich Deutscher Nation. Dem ant-

Unten: Zwischen Ecclesia und Synagoge spannen sich die Bögen des Fürstenportals des Bamberger Doms.

Rechts: Vom Grab des Kaiserpaares Heinrich und Kunigunde fluchtet das Mittelschiff des Bamberger Doms zum Peterschor.

wortet im Westchor das Grab Papst Clemens II. Es ist das einzige Papstgrab auf deutschem Boden und reklamiert unmissverständlich den ebenso starken Führungsanspruch der Kirche im mittelalterlichen Reich. Dieses historische Erbe macht den Bamberger Dom zu einem Bauwerk, in dem die mittelalterliche Reichsidee so greifbar ist wie in keiner anderen deutschen Kirche. Sicherlich liegt darin ein Grund dafür, dass der bayerische König Ludwig I. im 19. Jahrhundert den Dom in seinem Inneren von allem „reinigen" ließ, was nicht dem Mittelalter entstammte. Ziel war es, „den ungestörten Anblick dieses erhabenen Tempels in dem Geiste seines Stiles wiederherzustellen". Man schreckte nicht einmal davor zurück, die barocken Bischofsgräber auf den Michelsberg ins Exil zu schicken. Seither ist der Dom in seinem Inneren zwar wieder stilrein, wirkt aber leider auch ein wenig wie ein kahler Rohbau. Der Dom wurde so zu einem Geschichtsdenkmal auf Kosten seiner eigenen Geschichte!

Der Reiter oder die Eleganz des Mittelalters

Seit dieser Radikalkur für das Dominnere muss die vielleicht bekannteste mittelalterliche Skulptur Deutschlands, der „Bamberger Reiter", nicht mehr gegen barocke Prachtentfaltung anreiten. Der rätselhafte Reiter aus dem 13. Jahrhundert beflügelte die Phantasie vieler, wenn es galt, ihn zu deuten. Die heutige Forschung sieht in der königlichen Gestalt zu Pferde meist den heiligen Stefan, den ersten christlichen König Ungarns. Er war Schwager Kaiser Heinrichs II. und die Legende weiß von ihm zu berichten, dass er als stolzer ungarischer Magnat zu seiner Taufe nicht

Links: Inbegriff mittelalterlicher Eleganz: der Bamberger Reiter.
Unten: Ernst und feierlich ist die Stimmung der Krypta unter dem Georgenchor des Bamberger Doms.

als Bittsteller in die Kirche kommen wollte und sich daher als Herrscher den imponierenden Einritt hoch zu Ross gönnte. Wie immer dem auch sei: der Reiter bleibt die Idealverkörperung des Mittelalters, seiner ritterlichen Ideale und seiner Eleganz! Bambergs Dom glänzt aber auch durch weitere erlesene Plastiken aus der Zeit des Reiters, wie Ecclesia und Synagoge im südlichen Seitenschiff, wie Maria und Elisabeth nach der Gnadenpforte oder den Seligen mit ihrem gleichermaßen berühmten wie ansteckenden Lächeln im Tympanon des Fürstenportals.

Die Barockzeit bringt ein neues Regierungsviertel

Bamberg erlebte in der Kunst offenbar ein sehr fruchtbares 13. Jahrhundert. Erst das

18. Jahrhundert war dann wieder eine solch auffallende Blütezeit mit einem kraftvollen Drang das Überkommene durch Neues zu überformen oder zu ersetzen. Bamberg wandelte sich in diesen Jahrzehnten zur Barockstadt. Schrittmacher waren die Bischöfe als weltliche Herrscher von Stadt und Land. Sie exerzierten vor, wie man Altbauten saniert. Die beiden Hofhaltungen am Domplatz zeigen die Radikalität dieses Neuerungswillens bis heute sehr anschaulich. Während an der Westseite des Platzes die Alte Hofhaltung mit ihren stimmungsvollen aber schlichten Fachwerkbauten des 15. Jahrhunderts überdauerte, fiel der Rest der mittelalterlichen Bauten dem Neubau der Neuen Residenz zum Opfer. Nur nachlassende Finanzmittel retteten das heute noch Bestehende vor der Spitzhacke! Fürstbischof Lothar Franz von Schönborn und sein Baumeister Dientzenhofer machten ab 1698 dem gewachsenen Chaos der Altbauten ein Ende und türmten wirkungsvolle Baumassen als Kontrapunkt zum Dom auf. Nun erst konnten die Fürstbischöfe wirklich residieren, standen ihnen Räume zur Verfügung wie der Kaisersaal, der als Statussymbol eines geistlichen Herrschers im 18. Jahrhundert unverzichtbar war. Man mag bedauern, dass die gewachsene Kleinteiligkeit und damit das Romantische in diesem Teil der Domimmunität verloren gegangen sind, andererseits fanden aber dafür in der Barockzeit erstmals das bischöfliche und das bürgerliche Bamberg städtebaulich zusammen. So verband man mit zwei rampenartigen Straßenzügen den Domplatz mit der Stadt und brach damit erstmals die Abschottung des Domberges gegen die Stadt optisch auf.

Die Neue Residenz, so prächtig ihre Räume auch sind, war aber nie ein so lebendiges gesellschaftliches Zentrum wie es Schlösser in weltlichen Fürstentümern waren. Zölibatär erzwungen fehlte den geistlichen Hofhaltungen das familiäre Leben und die üblichen Besuche der verwandten und verschwägerten Sippen, nebst daraus resultierender rauschender Feste.

Oben: In der Neuen Residenz von Johann Dientzenhofer hielten die Fürstbischöfe bis 1803 Hof.

Nachfolgende Seiten: Die glanzvolle Ausstattung des Kaisersaals in der Neuen Residenz lässt das alte Reich und den bischöflichen Hausherrn hochleben.

MORE ET AMORE
IOSEPHUS. I.

RUDOLPHUS. II

Das Bauen ist eine Lust, doch was es mich kost', hab ich nicht gewusst

Der Baueifer, der den Fürstbischof in immer neue Projekte trieb, übertrug sich bald auch auf Adel, Beamte und Bürgerschaft. Das alte Bamberg ließ sich neue festliche Gewänder anfertigen und nahm die Züge der freundlichen Barockstadt an, als die wir sie heute kennen und schätzen. So mag es auch nicht überraschen, wenn man in der engen Judengasse unvermutet auf das reichste Bürgerhaus des deutschen Barock stößt. Johann Ignaz Tobias Böttinger hieß sein Bauherr. 1712 zog er mit seiner Familie in dieses stattliche Eigenheim ein, doch trieb ihn mangelnder Komfort bereits nach

zwei Jahren dazu, ein neues palastartiges Gebäude, die später so genannte Concordia, direkt an der Regnitz zu beginnen. Ob der Mann in seinen zwei Palästen auch die Zufriedenheit als Dauergast beherbergen konnte, ist nicht bekannt, aber dass er in seiner Karriere als Jurist und Diplomat öffentliches und eigenes Wohl aufs glücklichste zu verbinden wusste, ist unübersehbar. Bamberg hatte in diesen Jahren außerdem das Glück, nicht nur mit vielen Bauherren, sondern auch mit fähigen Baumeistern, wie den Dientzenhofern, Michael Küchel oder dem aus Würzburg häufiger „ausgeliehenen" Balthasar Neumann gesegnet zu sein. Selbst das Rathaus, das seit alters her mitten in der Regnitz so diplomatisch zwischen Bischofs- und Bürgerstadt vermittelte, wurde in modernem Sinne durchgestylt. Aufwendige Fassadenmalereien von Meister Anwander klären seither wechselseitig die Bürger über die Vorteile des klugen bischöflichen Regiments und den Bischof über die vorzüglichen Eigenschaften der Bürgerschaft auf. Bamberg wandelt sich zur Inszenierung eines theatralischen Zeitalters. Wer diese Kulisse heute in geradezu barocker Manier erleben möchte, sollte sich die Fronleichnamsprozession, die zu den eindrucksvollsten im deutschen Sprachraum zählt, nicht entgehen lassen.

Natürlich hatte all das auch seinen Preis und selbst bei der damals günstigen Kon-

Links: Den Hof der Alten Hofhaltung säumen Fachwerklauben.
Unten: Ein prächtiges Renaissanceportal lädt zum Besuch der Alten Hofhaltung in Bamberg.

junkturlage wird so mancher Auftraggeber erlitten haben, was ein Würzburger Bäcker als Inschrift an seinem neuen Barockhaus den Passanten mahnend mit auf den Weg gab:

Das Bauen ist eine Lust, doch was es mich kost', hab ich nicht gewusst!

Wurstaroma kontra Weihrauch

Die Erneuerungswut dieser Epoche machte vor kaum etwas halt. Die prächtigste Pfarrkirche der Bamberger Bürger, die Obere Pfarre, durfte zwar nach außen hin ihren mittelalterlichen Charakter und ihren eleganten gotischen Chor behalten, aber innen musste auch sie sich mit viel Stuck und bunten Bildern neu ausstaffieren lassen. Zum charmantesten was aus jener Zeit der großen Gesten geblieben ist, darf man die vielfigurige Krippe dieser Kirche zählen. Episch breit schildert sie in vielen Bildern die Ereignisse des Kirchenjahres und wenn dann die Hochzeit zu Kana inszeniert wird, kann es schon mal vorkommen, dass der Duft der echten Räucherwürste auf der Hochzeitstafel dem Weihrauch Konkurrenz macht. Bamberg wahrt auch in dieser Hinsicht sein barockes Erbe aufmerksam und zählt heutzutage zu den deutschen Metropolen des Krippenbauens, sogar mit einer eigenen Schule für Krippenbauer!

Links: Wie ein in der Regnitz vertäutes Schiff wirkt Bambergs Rathaus.
Oben: In den Arkaden des Böttingerhauses in der Bamberger Judengasse.
Nachfolgende Seiten: Nahe am Arbeitsplatz liegen die Häuser der Fischer in Bambergs „Klein Venedig“.

RUDY

Drei „B“, die zusammengehören: Bamberg, Barock, Bier

An ein anderes lokales Kulturgut wird im einstigen Benediktinerkloster Michelsberg erinnert, nämlich an das Bier. Im Wirtschaftstrakt des Klosters informiert das Fränkische Brauereimuseum über Bambergs lange, aber auch noch quicklebendige Brautradition. Wer mag, kann im Selbstversuch die Bamberger Bierspezialität, das Rauchbier, an sich ausprobieren. Nach gut zehn Seidla soll es bis jetzt noch

jedem geschmeckt haben ... Wen Fragen rund ums Bier nicht so sehr quälen, sei ein Besuch der Kirche des Michelsberges angeraten. Die Zweitürmige Fassade in ihrer gotisch-barocken Mixtur lässt einiges erwarten und das Innere enttäuscht nicht. Sensationell sind vor allem der in die Gewölbe gemalte „botanische Garten"

mit gut 600 Pflanzenarten. Er gewährt einen Einblick in den Stand der Homöopathie und der kulinarischen Finessen der Zeit um 1600.

Stadt, Land, Schloss

So wie Bambergs Stadtkrone aus den Türmen von Dom, Sankt Stephan, Oberer Pfarre, Michelsberg und Altenburg weit in die Landschaft hinauswirkt, so wirkte auch der Einfluss der alten Residenzstadt weit ins Umland. Ein wunderbares Beispiel dafür ist das vor den Toren der Stadt im nahen Memmelsdorf gelegene Schloss Seehof. Die barocke Sommerresidenz der Fürstbischöfe war einst durch eine lange Sichtachse mit der Domstadt verbunden, war somit symbolisch an das Machtzentrum angebunden und damit dessen Verlängerung in die Landschaft, in die Natur. Ba-

Oben: Den weiten Innenhof des Michelsberges über Bamberg beherrscht die doppeltürmige Fassade der einstigen Klosterkirche.
Links: Der Chor der Oberen Pfarre ist das Glanzstück der Gotik in Bamberg.

rocke Bauherren und Planer denken in großen Zusammenhängen und lassen sich im Bestreben, ein Gesamtkunstwerk zu schaffen, auch nicht von ein paar läppischen Kilometern Distanz beeindrucken. Im Falle Seehofs hieß der Auftraggeber Marquard Sebastian Schenk von Stauffenberg und das Schloss trug zunächst seinen Namen: Marquardsburg. Der Würzburger Architekt Antonio Petrini entwarf die für damalige Gepflogenheiten schon etwas altmodische Vierflügelanlage 1687. Vielleicht schwebte den beiden eine Wiederholung des Aschaffenburger Schlosses in einer Wochenendhausversion vor! Was später der ganzen Anlage ihren hohen künstlerischen Wert gab, war vor allem der in strengen Achsen ausgerichtete Park. Hier hielten sich die gestalterischen Mittel einst die Waage: die Pflanzen sprachen im Erscheinungsbild eine ebenso kräftige Sprache wie der Figurenschmuck, die einst sehr breiten Wege und das Wasser. Besonders Letzteres war nicht nur in Gestalt von Teichen, die die Baumasse des Schlosses im Spiegelbild großzügig ver-

doppelten, sondern auch als äußerst kunstvolle Wasserspiele im Garten präsent.

Speckfalten am Pool und Bamberger Rokoko in New York

Diese Wasserspiele führten wie der gesamte Garten in den Jahrzehnten nach der Säkularisation leider ein recht trauriges Dasein, weil die neuen, nunmehr privaten Besitzer der finanziellen Belastung eines Gesamtkunstwerkes nicht gewachsen waren. Nach dem 2. Weltkrieg schien alles dem Untergang geweiht. Vieles aus dem Schloss wurde verramscht und verhilft heute der Stilmöbel-Abteilung des Metropolitan Museums in New York zu gesteigerter Attraktivität. Und nicht wenige der barocken Putten aus dem Garten boten in den Sechziger Jahren nun an Swimmingpools interessante Vergleichsmöglichkeiten mit den Speckfalten der neuen Eigentümer aus der Wirtschaftswunderzeit. Die Wende kam erst mit dem Kauf durch den Freistaat Bayern im Jahre 1975. Seither versucht man behutsam und erfolgreich die Anlage auf ihren Ursprungszustand zurückzuführen. Spektakulärster Erfolg war die Wiederherstellung der großen Kaskade, deren kunstvolle Sprünge seit 1995 mehrfach am Tag die Helden und Unwesen aus der Mythologie wieder so richtig nass machen dürfen!

Links: Schloss Seehof bei Memmelsdorf diente den Bamberger Bischöfen als barocke Sommerfrische.
Unten: Im Park von Schloss Seehof lässt der Bildhauer Tietz Jupiter mit den Giganten ringen.

Vom Felsenhaupt des Staffelbergs zum weiten Itzgrund

Im weiten Tal des Obermains feiert der Katholizismus zwei barocke Triumphe. Der protestantische Nachbar, das einstige Land der Coburger Herzöge, glänzt mit Lutherstätten und einstigen dynastischen Verbindungen zu Europas Herrscherhäusern.

Vierzehn Heilige, das Jesuskind und ein Klosterschäfer

So liest sich die Liste der Akteure, die notwendig waren, Frankens berühmtester Wallfahrt zur Entstehung zu verhelfen. Es fehlt nur noch die Bühne, auf der die Figuren agierten. Die bestand aus nichts weiter als einem Flurstück in der Nähe des Langheimer Klosterhofes Frankental. Genau dort verlangten das Jesuskind und die vierzehn Nothelfer 1445 und 1446 nachdrücklich die Einrichtung einer Wallfahrtsstätte. Der Klosterschäfer musste den Wunsch seinen frommen Dienstherren überbringen. Sie hörten die Botschaft wohl und es fehlte auch nicht der Glaube, also wurde bald eine Kapelle errichtet, die bis zum Bauernkrieg, in dem sie schweren Schaden nahm, stark besucht wurde. Vielleicht wäre mit den Reformationsbestrebungen alles schon wieder zu Ende gewesen, aber die Rekatholisierung im obermainischen Land, zumindest da, wo der Bamberger Bischof auch das weltliche Sagen hatte, verhalf der Gnadenstätte zu neuem Zulauf. Außerdem ist ein Bittgang zu gleich vierzehn Heiligen mit unterschiedlichen Wirkungsbereichen eine ungemein praktische Übung, gerade so wie eine ärztliche Gemeinschaftspraxis viele Wege sparen hilft. So ist es sicher kein Wunder, wenn über der Wunderstätte ab 1743 der Bau einer barocken Wallfahrtskirche von nie dagewesenen Ausmaßen emporzuwachsen begann. Der zuständige Langheimer Abt hatte für die Planung den thüringischen Landbaumeister Krohne fa-

Vorangegangene Seiten: Die Klippen des Staffelberges sind die großartigsten Aussichtskanzeln des Obermaintals.
Links: Monumental antwortet Vierzehnheiligens Doppelturmfassade dem gegenüberliegenden Banz.
Oben: Im Zentrum der Wallfahrtskirche Vierzehnheiligen markiert der Gnadenaltar die Wunderstätte.

vorisiert; dem zuständigen Bischof Friedrich Karl von Schönborn stand dagegen mehr der Sinn nach dem genialen Neumann. Nach vielen Diskussionen, versteckten Fouls und „lutherischen Nebensprüngen“, wie Bambergs Bischof Krohnes Pläne titulierte, konnte Balthasar Neumanns Rauminszenierung bis 1772 Gestalt annehmen. Das Ergebnis war aller Mühen wert! Neumann komponierte in eine unspektakuläre Außenhaut einen dynamischen Raum, der mit den gängigen Begriffen der Sakralarchitektur kaum noch beschrieben werden kann. Ovale überkuppelte Räume schieben sich ineinander, unglaublich viel Licht vertreibt jegliche Schwere und die ganze Kirche ist als Raumerlebnis genau das, an was sie dauernde Erinnerung sein soll: ein Wunder!

Iguanodon küsst Ichthyosaura

Gegenüber von Vierzehnheiligen thront auf einem der Hügel der Banzberge das zweite „katholische Ausrufungszeichen“ am Obermain: Kloster Banz. Nach der Säkularisation erwarben die Herzöge in Bayern die weitläufigen Klostertrakte, was Banz die Bezeichnung „Schloss“ eintrug und das beeindruckende Barockensemble vor dem Verfall bewahrte. Heute kommt die Hanns-Seidel-Stiftung dieser Verpflich-

tung nach. Mönchisches Leben ist hier hoch über dem jungen Main nicht mehr zuhause, aber der stolze Bau und die Überlieferung künden bis in unsere Tage von der einstigen Bedeutung, die Banz unter Frankens Klöstern auszeichnete. Die Lage passte hervorragend zu den Benediktinern, die hier ab 1069 beteten, denn ihr Ur-Kloster Montecassino im Süden Italiens beherrschte das Land ebenfalls von steiler Höhe aus. Die siebenhundertjährige Geschichte des Klosters sah Hochs und Tiefs, brachte Streit zwischen dem Bamberger und dem Würzburger Bischof, wer für was zuständig sei, aber immer wieder erholte sich die mönchische Gemeinschaft und konnte bedeutende geistige Impulse aussenden. Nach dem Dreißigjährigen Krieg erholte sich zudem die Finanzkraft des Klosters, was zu beachtlichen Investitionen in die religiöse Infrastruktur im Geschmack des nun modernen Barock führte. Den Höhepunkt dieser architektonischen Leistung stellt zweifellos die Klosterkirche dar, der man äußerlich nicht anmerkt mit welch extravagant modernen Formen der Innenraum aufwartet. Johann Dientzenhofer gelang es hier erstmals die aufsehenerregenden Wölbformen Böhmens nach

Oben: Wie das benediktinische Ur-Kloster Montecassino bekrönt auch Banz einen steilen Hügel.

Ein Riese, mit dem man rechnen muss

Zwischen Banzbergen und Staffelberg dehnt sich im weiten Obermaintal das Städtchen Staffelstein. Seine Straßenbilder und sein Marktplatz gewinnen durch die freundlichen Fachwerkfassaden. Der ganze Stolz der kleinen Stadt, die einst dem Bamberger Domkapitel gehörte, konzent-

Franken zu verpflanzen, womit er den Grundstein zu jenem sinnlich-dynamischen Barock legte, den eine Generation später Balthasar Neumann zum Raumerlebnis Vierzehnheiligen perfektionierte. So eindrucksvoll Raum und Dekoration auch sind, einen berühmten Besucher ließ all das anscheinend ziemlich kalt: Viktor von Scheffel.

Ausgerechnet der Mann, der mit seinem Wanderlied „Wohlauf die Luft geht frisch und rein …", so viel zur Fremdenverkehrswerbung des Landes um den Staffelberg beigetragen hat wie kein zweiter, würdigt nicht den glänzenden Banzer Barock in einem Gedicht, sondern die Petrefaktensammlung, die die naturwissenschaftlich interessierten Äbte zusammengetragen hatten. Immerhin erfahren wir dadurch wenigstens, dass der Iguanodon am hellen Tage die Ichthyosaura geküsst hat und dass somit Sittenverderbnis das Erdzeitalter des Lias untergehen ließ! Wann waren die Zeiten jemals besser?!

Oben: Das Rathaus in Bad Staffelstein ist ein Meisterstück der Zimmermannskunst des 17. Jahrhunderts.
Rechts: Schloss und Kirche zu Ahorn im Coburger Land spiegeln sich als malerisches Geschichtsbild im Dorfteich.

riert sich im stattlichen Rathaus aus dem späten 17. Jahrhundert. Hohe Zimmermannskunst mischt sich an seiner Fassade mit den freundlichen Formen des Barocks. Rund um den Platz verkünden zahlreiche Hausmadonnen und -heilige, dass man nicht nur römisch, sondern auch gut katholisch ist. Zwar nicht heilig aber dennoch hoch geachtet ist der bekannteste Sohn Staffelsteins, der Mann, der noch heute sprichwörtlich für die Richtigkeit vieler Rechnungen verantwortlich gemacht wird: Adam Riese.

Ob er wohl damit gerechnet hat, dass sein Geburtsort einmal Kurstadt wird? Im November 2001 war es jedenfalls so weit, Staffelstein erhielt offiziell den Titel „Bad“. Ein Thermalbad, diverse Kurmittel- und Wellnessangebote stehen der reparaturbedürftigen Gesundheit ebenso zur Verfügung wie acht Hausbrauereien zur Egalisierung von übergroßen Kurerfolgen!

Immer noch ein wenig herzoglich

Die Übergänge sind unmerklich, die Landschaft bleibt harmonisch, die Melodie der Sprache fränkisch und dennoch ist im Coburgischen einiges ein wenig anders. Hier ist man erst seit 1920 fränkisch, zumindest was das Amtliche angeht. Wesen, Zungenschlag und Lebensart waren es schon immer, aber da man Jahrhunderte zu einem Herzogtum der Wettiner gehörte und damit „sächsisch" war, ergab sich erst mit dem Ende des zweiten Deutschen Kaiserreichs die Gelegenheit, offiziell wieder fränkisch zu werden. Man schloss sich damals nicht Thüringen, sondern Bayern an, womit das einstige Herzogtum Sachsen-Coburg Teil Oberfrankens wurde. Vieles aus „herzoglicher Zeit" prägt im Großen wie im Kleinen heute noch das Coburger Land. Ahorn zum Beispiel, der charmante kleine Ort vor den Toren der Residenzstadt, verdankt sein Schloss der am herzoglichen Hof bedeutend gewordenen Familie Münzmeister von Rosenau, die hier im 16. Jahrhundert selbst ein wenig „Residenz" spielte.

Den Herzögen verdankt das Coburger Land auch seine „Krone", die „fränkische Krone". So lautet nämlich der Beiname der Veste Coburg, die sich hoch über Stadt und Land erhebt und aus der Ferne tatsächlich einem Kronreif nicht unähnlich sieht. Bis zur Mitte des 16. Jahrhunderts hielten die Wettiner hier oben Hof, bis sie dann in die bequemere Ehrenburg in die Stadt hinunterzogen. So ist das heutige Erscheinungsbild der Veste ein zum großen Teil wiedergewonnenes. Die Begeisterung für das Mittelalter, für den großen Reformator Luther und alles „Altdeutsche" war im 19. und frühen 20. Jahrhundert so groß, dass für die ziemlich marode Großburg ein Face-Lifting heraussprang, mit dem Ergebnis, dass manches „mittelalterlicher" aussieht als im Mittelalter! Die Herzöge in-

Links: Einst Machtzentrum eines Herzogtums: die Veste Coburg.

vestierten viel in das Denkmal ihrer eigenen Geschichte, auch deshalb, weil die Veste im Gespräch war, Heimstätte des Germanischen Nationalmuseums zu werden.

Ein Herzogtum und viele Kronen

Was die erlauchte Familie der Coburger Herzöge im 19. Jahrhundert aber weit über die Grenzen Deutschlands berühmt machte, war nicht ihre Traditionspflege, sondern ihr begehrtester Exportartikel: Monarchen. Den Belgiern konnte man mit einem gewissen Leopold aushelfen, als dort ein Arbeitsplatz für einen König neu geschaffen wurde. Die englische Königin Victoria musste sich dank Albert aus Coburg nicht sofort ins Moralisieren flüchten und später lieferte man auch Portugal und Bulgarien einen funktionsfähigen Regenten. Warum man gerne deutsche Kleinstaat-Adelige für neu zu besetzende Herrscherstellen wählte, lag an deren einwandfreier altadeliger Herkunft und deren sympathischer Machtlosigkeit im europäischen Kräftefeld. Man brauchte mit

Oben: Die Fachwerkfassade des Fürstenbaus der Veste Coburg ist ein Kind des 20. Jahrhunderts.
Rechts: Neben dem Turm der Morizkirche ist die „Fränkische Krone" unstreitig Herrscherin am Coburger Nachthimmel.
Nachfolgende Seiten: Ein neugotisches Gewand kleidet seit dem 19. Jahrhundert die Nordfassade der Ehrenburg in Coburg.

einer Familie wie der aus Coburg wirklich keine Angst haben, sich einer auswärtigen Macht ausgeliefert zu haben. Die Gefahr für Bulgarien, eines Tages coburgische Provinz zu werden war wohl eher gering zu veranschlagen! So erinnerte man in Coburg zu Recht mit der Ausstellung „Ein Herzogtum und viele Kronen" vor einigen Jahren daran, dass Coburg in europäischen Adelskreisen die mit großem Abstand bekannteste fränkische Stadt sein dürfte.

Monarchen für Europa, Samba für Coburg

Natürlich ist das heutige Coburg mehr als die Summe aus der Geschichte seines Herrscherhauses, aber es lässt sich auch nicht verleugnen, dass diese Stadt als Residenzstadt ihre Prägung erfuhr. Genau das macht ihren Charme aus. Das meiste will mehr sein als Kleinstadtaccessoire. Man besuche beispielsweise nur einmal

das Landestheater. Es ist das Staatstheater eines Herzogtums und keine Kleinstadtbühne für eine 45.000-Einwohner-Stadt! Der weite Platz zwischen der englisch angehauchten Neugotik-Fassade des Stadtschlosses Ehrenburg, dem Palais Edinburgh und der Reithalle atmet die Weite fürstlichen Repräsentationsbedürfnisses. Und selbst der Marktplatz ist in seiner Ausrichtung unentschieden, liegt er nun vor dem Rathaus oder vor dem ehemaligen herzoglichen Regierungsgebäude. Schwer zu sagen, welcher der beiden Bauten mehr platzbeherrschende Kraft entfaltet. Zu allem Überfluss fristet in des Platzes Mitte Prinzgemahl Albert sein beschissenes Dasein – als Denkmal, und beschissen natürlich wegen der Tauben! Hin und wieder weht ihm Bratwurstduft um die Nase. Dann ist er in der bürgerlichen Gegenwart angekommen. Coburger Bratwürste sind ver-

mutlich Dinge, bei denen der Coburger entschieden weniger Spaß versteht als bei seinen einstigen Regenten. Auf jeden Fall müssen sie über dem Feuer von Tannenzapfen ihrer größten Aromafülle entgegenbruzzeln. Was könnte den Coburgern dann neben Herzögen und Bratwürsten noch zu ihrem Glück fehlen? – Genau: Samba! Wenn's nämlich ein wenig phonstark und dazu noch rhythmuslastig ertönt, dann ist es wahrscheinlich gerade Juni und Coburg feiert seinen „brasilianischen Straßenkarneval". Mit südamerikanischen Rhythmen dauert es nicht lange, bis sich der Hofgarten in die „Coburg-Cabana" verwandelt. Wer Bulgarien Zaren liefert, für den ist eine Samba-Königin ein Klacks!

Oben: 28 Atlanten sorgen im barocken Riesensaal der Coburger Ehrenburg dafür, dass niemandem die Decke auf den Kopf fällt.

Nicht nur der Wald verbindet Thüringen und Oberfranken

Vom Obermain dehnt sich der städtearme Frankenwald bis zum Thüringer Schiefergebirge. Einst waren Holz, Schiefer und Bergbau bescheidener Wohlstands-quell. Heute lockt das herbe Wald-land mit seiner Ursprünglichkeit Erholungssuchende.

Ein Prinzgemahl und vierzig Jahre schwarz

Verlässt man Coburg itzaufwärts, passiert man zunächst die obligatorischen vorstädtischen „Speckringe“ aus neuen Wohn- und Gewerbegebieten, um bald nach der Produktionsstätte der bekannten Hummel-Figuren auf ein echtes Kleinod unter Frankens Schlössern zu stoßen: Rosenau. Zum Glück ist ein weitläufiger englischer Garten optischer Puffer zu den nicht immer schmucken Baulichkeiten unserer Tage. Englisch ist hier aber nicht nur der Stil des Gartens – englischer Herkunft war auch die größte Bewunderin der zauberhaften Anlage aus den frühen Jahren des 19. Jahrhunderts. Keine geringere als die Herrscherin des britischen Imperiums, Königin Victoria, liebte Schloss und Park. „Wäre ich nicht das, was ich bin, hätte ich hier mein wirkliches Zuhause“, schwärmte sie in ihrer Erinnerung und ließ sich eine Serie von Aquarellen mit Raumbildern der Rosenau für Schloss Windsor anfertigen. Vielleicht heißt aber der wahre Grund für ihre überschwängliche Zuneigung zu diesem Ort Albert. Ihr Gemahl, Prinz Albert, wurde 1819 in der Rosenau geboren und ihm fühlte sie sich ein Leben lang zugehörig. Der Königin Eintrag ins Rosenauer Gästebuch des Jahres 1862 gewährt distanzlos Einblick in die Gefühlswelt der sonst eher unnahbaren Regentin: „Victoria reg., die trostlose Witwe des geliebten Albert“. Das schmucke neugotische Schlösschen Rosenau wurde so zu einem Mausoleum einer großen Liebe und ganz England sah ob des großen Schmerzes der Monarchin vier Jahrzehnte schwarz!

Anlass schwarz zu sehen bot leider auch Schloss Rosenau bis zum Kauf durch den Freistaat Bayern 1972. Bis dahin nämlich wurde das Baudenkmal als Altersheim genutzt und machte schließlich einen desolaten Eindruck. Viele Jahre Restaurierung gewannen die bemerkenswerte Serie neugotischer Dekorationsschöpfungen in den einstigen herzoglichen Wohnräumen zurück. Im Verein mit dem 32 Hektar großen, ebenfalls sanierten Park zählt Rosenau wieder zu den großen Attraktionen des Coburger Landes.

Ein Graben für die Eitelkeit

An der Nahtstelle zwischen Coburger Land und Frankenwald, zwischen den Flüsschen Steinach und Haßlach, liegt ein Schloss, dessen einstige Besitzer die Brücke schlagen zu Rosenau. Im 15. Jahrhundert gehörte Schloss Mitwitz nämlich den Herren von Rosenau, denen Burg Rosenau einst namensgebende Heimat war. Das heutige türmereiche Erscheinungsbild des Renaissancebaus ist allerdings der Familie von Würtzburg zu danken, die das im Bauernkrieg arg demolierte Schloss um das Jahr 1600 ausbauen ließ. Bis 1922 konnten sich die altadeligen Freiherrn von Würtzburg ihres Besitzes erfreuen, dann erlosch das Geschlecht im Mannesstamme und das Schloss ging an die Familie von Cramer-Klett, ihres Zeichens waggonbauender „Industrie-Adel" aus Nürnberg. Theodor von Cramer-Klett hatte günstigerweise die Mitwitzerin Annie von Würtzburg geheiratet und sicher mit Freude festgestellt, dass die Dame nicht nur mit zahlreichen vorteilhaften Charaktereigenschaften begabt war, sondern auch noch mit einer charmanten Renaissanceimmobilie. Ihren Charme gewinnt die Anlage aus der türmereichen Silhouette und der freundlichen Durchfensterung der Fassaden. Dass man sich damals beim Umbau zum Renaissanceschloss nicht dazu durchringen konnte, den Wassergraben zuzuschütten, lag sicher nicht an der erhofften Schutzwirkung einer distanzierenden Wasserfläche. Vielmehr schätzte man offenbar die multiplizierende Wirkung der Teiche: was sowieso schön ist, wird dank

Vorangegangene Seiten: Die Steinach zwängt sich durch die Felsen des Frankenwaldes.
Links: Neugotische Festsaalpracht in Schloss Rosenau bei Coburg.
Oben: Eines der schönsten Wasserschlösser Frankens: Mitwitz.

Wasserspiegel glatt doppelt so schön! Das schöne Schloss mit eitlem Spiegelbild erfreut sich heute regen Zulaufs und dient dem Landkreis Kronach als Rahmen für kulturelle und gesellige Veranstaltungen.

In Kronach gehen die Frauen vor

Die wichtigste Stadt des Frankenwaldes ist Kronach. Hier fließen in einer Talweitung die Bäche Haßlach, Kronach und Rodach einander zu; der Platz für eine Siedlung war und ist günstig. Von hier aus ließen sich die wichtigsten Täler des Waldgebirges gut erschließen und ebenso gut kontrollieren. Zur Erschließung entstand die Stadt Kronach und zur Kontrolle baute man im Laufe der Jahrhunderte die Festung Rosenberg. Ab 1122 waren die Bamberger Bischöfe die Stadtherren und sie sorgten dafür, dass die Frankenwaldmetropole ein fester Eckpfeiler ihrer weltlichen Macht wurde. Den Rosenberg über der umwehrten Stadt wandelten sie von einem befestigten Platz, dessen abschreckende Wirkung anfangs einer Dornenhecke anvertraut worden war, zu einem steinernen Pentagon barocker Fortifikationskunst. Kunigunde, Valentin, Lothar, Philipp und Heinrich mühten sich hier erfolgreich, den Feind fern zu halten – auf diese Namen hören die vorspringenden zugespitzten Bastionen aus dem 17. Jahrhundert. Der Rosenberg ist eine jener seltenen Kraftanstrengungen, deren Erfolg die investierten Energien rechtfertigt: Die Festung wurde nie von einem Feind bezwungen. Gleiches lässt sich von der Stadt zu Füßen der Festung berichten. Sie trotzte sogar den wütenden Angriffen der

Schweden im Dreißigjährigen Krieg 1634. Bei der Verteidigung zeigte das schwache Geschlecht seine wahre Stärke. Die Kronacher Frauen schleppten Pflastersteine herbei, begrüßten die anrennenden Schweden mit siedendem Öl und machten ihre Sache so gut, dass sie seither bei der Dankprozession zur Erinnerung an die Rettung aus der Schwedengefahr vor den Männern und dem Allerheiligsten gehen dürfen!

Kronach ist aber weit mehr als die steingewordene Geometrie der Macht, es ist auch eine Stadt, die mit höchst malerischen Partien und viel gepflegter alter Bausubstanz für sich einzunehmen weiß. Und nicht zuletzt lockt der größte Sohn der Stadt die kunstinteressierte Welt nach Kronach, dessen Namen er zu seinem eigenen machte: Lucas Cranach. Werke seines Schaffens und Arbeiten von Zeitgenossen zeigt die Fränkische Galerie in der Festung Rosenberg.

Oben: Früher harter Broterwerb, heute Freizeitgaudi: Flößen im Frankenwald.
Links: Oft belagert, aber nie erobert wacht die Festung Rosenberg über Kronach.

„Feuedunnekeil"

Was heute eine Gaudi für Touristen, Betriebsausflüge und Vereinssausen geworden ist, war früher der Auftakt zu einer langen Reise und harter Knochenarbeit: das Flößen im Frankenwald. Bis in die Mitte des 20. Jahrhunderts schickten die Floßherren, von denen es bereits 1491 allein in Kronach 36 gab, das Holz des „Nortwaldes", wie der Frankenwald früher genannt wurde, auf die neunhundert Kilometer lange Fahrt nach Holland. Für den Job des Floßknechtes konnte man nur „ganze Kerle" brauchen, dementsprechend genossen einst die Flößer die Bewunderung der männlichen Jugend von Bamberg bis Mainz. Und fluchen konnten die Wäldler! – „Feuedunnekeil" war da noch eine zahme Zurechtweisung des Schicksals oder der Kameraden auf den nicht selten lebensgefährlichen Arbeitsplätzen. Mit der Verlagerung des Holztransports auf die Schiene und natürlich endgültig mit der Errichtung der Staustufen für die Mainschifffahrt verschwand auch dieser traditionelle Beruf und mit ihm der legendär kernige Typ des Flößers. Das Flößermuseum in

Unterrodach hält die Erinnerung daran wach – „Dunnekeil!“

Lauenstein und die große Notdurft

Jenseits des Rennsteigs fließen die Wasser nicht mehr zum Main. Auch der Zungenschlag kann die Nähe Thüringens nicht verleugnen und dennoch gibt es jenseits der Wasserscheide noch ein kleines und sogar sehr reizvolles Stück Oberfranken. Hier im nördlichsten Zipfel des Landes thront über dem engen Tal der Loquitz Burg Lauenstein. Ihr Fernbild geizt nicht mit mittelalterlichen Reizen, aber mit schwindender Distanz beschleichen den Betrachter Zweifel. Was haben so große Fenster in den Erdgeschosszonen einer Verteidigungsanlage verloren, fragt sich der Burgenkenner? Auch für den ein oder anderen Erker scheint eher ein Bühnenbildner als ein mittelalterlicher Architekt eine Notwendigkeit gesehen zu haben. In der Tat spricht die Burgenbegeisterung der Jahrhundertwende 1900 im Erscheinungsbild Lauensteins deutlich mit. Ein gewisser Dr. Meßmer war der „Friedrich Wilhelm Lauensteins“ – er sorgte nach Jahrzehnten des Niedergangs ab 1896 für eine Revitalisierung der Burg. Seine Kunstsammlungen füllen nun die wiederhergestellten Bauten und eine Torinschrift gibt den Untertitel zu den Früchten dieser Anstrengungen: „ein Denkmal deutscher Kunst.“ Darüber hinaus ist die Burg ebenso Denkmal der im thüringisch-fränkischen Grenzraum einst mächtigen Familie der Grafen von Orlamünde. Sie glaubten, im 13. Jahrhundert an dieser Nahtstelle zweier Einzugsbereiche unweit des Rennsteigs Flagge zeigen zu müssen. Der Orlamündebau der Burg erinnert an diese Familie und deren Ambitionen, sich zwischen den regionalen Mächten eine eigene Herrschaft aufzubauen. So stolz Lauenstein geraten war, so ist die Burg aber auch ein Sinnbild des Scheiterns, hatte doch Graf Wilhelm von Orlamünde diesen Besitz bereits 1430 „von seiner großen Notdurft wegen“ verkaufen müssen. Finanziell hatte das ehrgeizige Geschlecht sein Pulver verschossen.

Die Burg musste darauf wechselnde Besitzer aushalten und gelangte durch Kauf 1622 an die Bayreuther Markgrafen, die in ihr eine Außenstelle ihrer Verwaltung einrichteten – Akten statt Ambitionen!

Oben: Aufgemaltes Rankenwerk nimmt den Gewölben des Orlamündesaals auf Burg Lauenstein die Schwere.
Nachfolgende Seiten: Burg Lauenstein rettete vor gut hundert Jahren ein Romantiker für die Nachwelt.

Leben vom, mit und gegen den Wald

Heutzutage ist vieles einfacher geworden. Der Frankenwald bietet mittlerweile eine breite Palette unterschiedlicher Arbeitsplätze und die moderne Mobilität ermöglicht das Fernpendeln, was so manche ländliche Region Deutschlands davor schützt auszubluten. Mit dieser Entwicklung zum Besseren ist allerdings auch so manches verschwunden, was gerne als das Typische bezeichnet wird. So sind beispielsweise bekannte lokale Spezialitäten heute überall erhältlich: Kulmbacher Bier in Tokyo zu bekommen ist ebenso wenig ein Problem wie Sushi in Kulmbach zu essen. Die Welt ist ein globales Dorf geworden. Man mag das bedauern, aber man sollte nie vergessen, dass vieles von dem, was eine Landschaft an Charakteristischem hervorgebracht hat, nicht aus freiem Entschluss der Menschen dort entstanden ist, sondern weil die bescheidenen Möglichkeiten es erzwangen. Wenn also im Frankenwald allerhand frühindustrielle Hantierungen wie Bergbau, Glasherstellung,

Eisenverhüttung, Schieferabbau oder Porzellanfabrikation das Wirtschaftsleben prägten, dann deswegen, weil karge Böden und raues Klima verhinderten, „bequem“ vom Ertrag der eigenen Äcker und Ställe zu leben wie in den satten fränkischen Gaulanden um Ochsenfurt oder Schweinfurt. Man musste folglich immer wieder neue Verdienstmöglichkeiten erschließen und nicht selten härter für den gleichen materiellen Erfolg arbeiten als in verwöhnteren Gefilden. Qualmt im Frankenwald heute ein Kohlenmailer vor sich hin, ist der Tourist entzückt, weil er etwas „Ursprüngliches“, etwas „Typisches“ entdeckt hat. Für die Wäldler war aber auch das nichts anderes als eine mühsame Notwendigkeit, sie mussten dem Wald abringen, was ihm abzuringen war. Für romantische Verklärung hatte man zu wenig Muße. Ebenso wenig scherte man sich um ökologische Belange. Durch des Menschen Aktivitäten wandelte sich der Frankenwald vom Mischwald zum industriell verwertbaren Nadelwald. Rasch wachsendes Holz brauchten die Flößer ebenso wie die Köhler und der Bergbau. Selbst der später als naturforschender Gelehrte berühmt gewordene Alexander von Humboldt verbrachte die Jahre 1792-97 nicht als Schöngeist oder Kurgast in Bad Steben, sondern als Bergassessor, um für Preußen den Bergbau in den frisch erworbenen Markgrafenlanden profitabler zu gestalten!

Links: Im ausgedehnten Kurpark liegt die Trinkhalle des Staatsbades Bad Steben.
Mitte: Spitzenklöppeln brachte in früher Zeit ein notwendiges Zubrot.
Unten: Wenn es im Frankenwald raucht, kann es auch heute noch ein Kohlenmailer sein.

Auch in Franken gibt es ein Vogtland

Wer wüsste eindeutig zu sagen, wo der Frankenwald im Osten endet? Keine neuen Landschaftstypen signalisieren den Beginn des Vogtlandes, die Übergänge ins Hofer Land sind fließend. Frankens Anteil am Vogtland, heute „bayerisches Vogtland" genannt, war immer schon Durchgangsland. Die Beziehungen zu den Nachbarn mussten also gut sein, sollte die Gegend florieren. Kein Wunder, dass Hof und seine Umgebung unter der Abschottung der sozialistischen Staaten besonders litten. Hof lag im toten Winkel zwischen den Staaten, deren Kürzel mit großen Buchstaben, die Freizügigkeit aber stets klein geschrieben wurden: DDR und CSSR. Seit Wende und samtener Revolution ist das zum Glück Vergangenheit, was nicht heißt, dass damit alle Probleme aus der Welt geschafft wären. Im Lösen von Problemen hat man in Hof lange Erfahrung. 1823 beispielsweise fiel die ganze Stadt einer Feuersbrunst zum Opfer. Die Hofer hatten genug Selbstbehauptungswillen, ihre Stadt „hypermodern" wieder aufzubauen. Dieses „Hypermoderne" nennen wir heute Klassizismus und Hof glänzt mit seiner Ludwigstraße als wohl erhaltenes Beispiel für die Stadtbaukunst jener Epoche. Wenig später setzte mit dem Anschluss ans Bahnnetz 1848 eine rege Industrialisierung ein. Damit Fabriken und Arbeit nicht erdrückend dominieren, schufen die Bürger sich eine Parklandschaft jenseits der Saale für Amüsement und Freizeit: den Fröhlichenstein. Wer den heute auf dem Stadtplan sucht, wird wenig Erfolg haben, denn seit einem Besuch der bayerischen Königin Therese heißt das wunderbare Parkareal ihr zu Ehren Theresienstein. Und im Gegensatz zur nach ihr benannten Wiese in München, gibt es auf dem Theresienstein ausschließlich Wiese und Park! So viel sogar, dass er die Auszeichnung „schönster Park Deutschlands 2003" erhielt!

Links: Seit fast zweihundert Jahren bietet der Park Theresienstein den Hofer Bürgern stadtnahe Erholung.

ERRICHTET VON STAAT UND STADT
Sparkasse

Altes Kulturland an den Ufern des Roten und Weißen Mains

Kulmbach und Bayreuth sind alte Residenzstädte der Hohenzollern-Markgrafen. Ihr Regiment prägte das landschaftlich reizvolle Land zwischen Frankenwald und Fränkischer Schweiz, in den Tälern des Roten und des Weißen Mains.

Zitadellen, Zinnfiguren und ziemlich viel Bier

Zugegeben, den Begriff Markgrafenland gibt es eigentlich gar nicht, aber er schreit danach, erfunden zu werden! Nichts bezeichnet treffender die Landschaft um die beiden Markgrafenstädte Kulmbach und Bayreuth, deren höfische Kultur kraftvoll ins Umland wirkte, wie Sanspareil oder Fantasie aufs Schönste illustrieren.

Kulmbach ist die ältere der beiden Landeshauptstädte. 1340 fiel nach einer Verpfändung der günstige Ort unweit der Vereinigung von Rotem und Weißem Main an die Nürnberger Burggrafen, die Hohenzollern, die damit ihre Expansionspolitik energisch nach Norden vorantrieben. Wie energisch zeigen noch heute die starken Mauern der

Vorangegangene Seiten: Zinsfelder Brunnen und Rathaus sind die Blickfänge des Kulmbacher Marktplatzes.
Oben: Teppichartig überzieht feinstes Renaissance-Dekor die Arkaden.
Rechts: Die Arkaden des Schönen Hofes der Plassenburg waren ideale Logenplätze bei höfischen Turnieren.

Plassenburg hoch über der Stadt auf kompromisslose Weise. Die hauptsächlich im 16. Jahrhundert ausgebaute Zitadelle diente aber nicht nur der Verteidigung, sie erfüllte auch Repräsentationszwecke mit geradezu spielerischer Eleganz. Wer die ungeschlachten Mauern zum ersten Mal sieht, wird kaum vermuten, dass hinter ihnen einer der schönsten Höfe der deutschen Renaissance den Charme einer ganzen Epoche widerspiegelt. Der Neubau kam aber nicht ganz freiwillig in die Gänge, 1553 ging die „weyt beruembte Festung Plassenburg“ im bundesständischen Krieg unter. Den Markgrafen gelang es, mit Caspar Vischer, Blasius Berwart und Aberlin Tretsch absolute Stararchitekten für den Wiederaufbau zu interessieren. Das Ergebnis kann sich sehen lassen und holt große Kunst in die Provinz: Der Schöne Hof mit seinen Renaissancearkaden ist bis heute steingewordenes Hofleben. Davon künden die zahlreichen Medaillons, aus denen auch nach über vierhundert Jahren die erlauchten Damen und Herren auf ein imaginäres Turnier im Hofgeviert hinunterblicken. Schade, dass die Plassenburg zwischenzeitlich auch Nutzungen als Lazarett, Zuchthaus, Kaserne und dergleichen aushalten musste. Sie büßte dabei die glanzvolle Ausstattung ihrer Säle und Zimmerfluchten ein. Dass der Besuch dennoch lohnt, liegt unter anderem am Deutschen Zinnfigurenmuseum, das mit über 300.000 Figuren in liebevoll arrangierten Dioramen Geschichte lebendig werden lässt. Dort kommt der Saurierfreund ebenso auf seine Kosten wie die Freunde römischer Geschichte oder die Bierenthusiasten.

Apropos Bier: Bier und Kulmbach sind beinahe eins, wer das eine nennt, denkt sofort auch an das andere. Kulmbacher Fuhrleute sollen auf ihren Reisen immer mal wieder eine Kostprobe heimischen Bieres ausgeschenkt haben, was allerorten offenbar so mundete, dass die Nachfrage nach einem „Reichel" oder einem „Mönchshof" merklich stieg. Als sich dann im 19. Jahrhundert die Verkehrsverhältnisse und damit die Exportfähigkeit gebessert hatten, nahm der Bierausstoß von 166 Hektolitern im Jahre 1831 auf 663.023 Hektoliter 1897 zu! Heute wird in der Stadt am Roten Main immer noch fleißig gebraut, aber den enormen Konkurrenzkampf auf dem Biermarkt haben nur vier Großbetriebe überlebt und selbst die brauen seit 1996 unter dem Namen Kulmbacher Brauerei AG gemeinsam – mittlerweile fast 3,5 Mio. Hektoliter. Kulmbacher Bier bleibt also im wahren Wortsinn in aller Munde und die Kunst des Bierbrauens kulminiert weiterhin in einem Kulmbacher Kulminator. Heute ist das ein EKU 28 mit 28 % Stammwürze und 11 % Alkohol. Prost!

Ohne Macht und ohnegleichen

Wendet man sich von Kulmbach nach Süden, etwa in Richtung Fränkische Schweiz, erreicht man bald das Dorf Thurnau. Schon aus der Entfernung fällt die alles dominierende Baugruppe von Schloss und Kirche ins Auge und signalisiert, dass dieses Thurnau kein Dorf ist wie viele andere. Sicher, was den Ort im Umkreis bekannt gemacht hat, ist die Tradition der Töpferei, aber was ihm eine besondere Stellung verlieh war der „Residenzcharakter". Der Familie der Förtsch von Thurnau war es im Mittelalter gelungen, sich gegen die Einverleibungsbestrebungen der mächtigen Nachbarn zu behaupten. Besonderes Ge-

Links: *Über Kulmbach bietet die Plassenburg Freund wie Feind die gemauerte Stirn.*
Unten: *Schloss Thurnau verbindet eine Brücke mit der Pfarrkirche.*
Nachfolgende Seiten: *Bizarre Felsenpilze rahmen die Fernsicht auf Burg Zwernitz in Sanspareil.*

fahrenpotential drohte von den starken Markgrafen, deren Territorium das kleine Thurnauer Land umschloss. Dennoch konnte eine gewisse Selbständigkeit gewahrt werden, die dann im 16. Jahrhundert von den Familien Künßberg und Giech „erheiratet" wurde. Es war der in Franken gar nicht so rare Fall eines Miniaturstaatswesens aus zehn Dörfern und drei Burgen entstanden und ein Töpferdorf konnte sich ein wenig im „Hauptstadtglanz" sonnen. Gemessen daran, dass die Schlossherren keine wirkliche Macht besaßen, ist die Anlage recht mächtig ausgefallen. In ihrem verschachtelten Erscheinungsbild spiegelt sich die lange und komplizierte Baugeschichte höchst malerisch wider. Schloss und Pfarrkirche verbindet ein gedeckter Gang, was den Eindruck erweckt, die Kirche sei der „verlängerte Arm" der weltlichen Obrigkeit gewesen und tatsächlich war nach der Reformation die weltliche Obrigkeit auch die geistliche.

Im benachbarten Zwernitz dagegen konnten die Markgrafen, damals noch Nürnberger Burggrafen, die Burg der so genannten Walpoten schon 1290 in ihren Besitz

Oben: Der Morgenländische Bau in Sanspareil wurde um einen Baum errichtet.
Rechts: Bühne und Bühnenbild zugleich ist das Felsentheater im Park zu Sanspareil.

bringen. Nicht die Walpoten und auch nicht die kleine Burg locken heute Besucher nach Sanspareil, es ist der berühmte Garten der Markgräfin Wilhelmine von Bayreuth, der in seiner Beispiellosigkeit – „sans pareil" – Kunstfreunde anzieht. Es ist wirklich ohnegleichen was nach den Anregungen der Markgräfin zwischen 1744 und 1746 im Felsenhain zu Füßen der Burg, die man damals als schmückende Staffage ansah und renovierte, ent-

stand. Die bizarren Naturfelsen entzündeten die Phantasie Wilhelmines derart, dass sie in dieser Landschaft en miniature die sagenhafte Suche nach Odysseus ansiedelte. Wilhelmine hatte den Bestseller „Die Abenteuer des Telemach“ aus der Feder des französischen Erzbischofs Fénelon begeistert verschlungen und prompt verwandelte sich ein Felsspalt in die Grotte des Vulkan und an anderer Stelle mutierte ein Felsenloch zur Höhle der Nymphe Kalypso. Natur und Phantasie waren die entscheidenden „Gartenarchitekten“. Lediglich ein paar kleine Pavillons zum Verweilen, die ein oder andere erklärende Skulptur und der schlossartige Morgenländische Bau für Repräsentationszwecke waren notwendig, um aus einem felsigen Waldstück ein Gesamtkunstwerk zu formen. Höhepunkt der Anlage ist ein Ruinen- oder Höhlentheater, das in seiner Art ebenfalls ohnegleichen ist: die Zuschau-

er mussten sich unter einen Felsen ducken und waren in gewissem Sinne ebenso eine Inszenierung wie das, was auf der Bühne geschah!

Eine Berlinerin macht eine Hauptstadt

Ein größerer Kontrast als der zwischen dem Sanspareiler Felsentheater und dem markgräflichen Opernhaus in der einstigen Hauptstadt Bayreuth, lässt sich kaum denken, und dennoch sind beide nur zwei Facetten derselben kunstbegeisterten Person, der Markgräfin Wilhelmine. Sanspareil war eine sehr private Schöpfung, oft ein Refugium für eine verletzte Seele. In Bayreuth dagegen gab sich die gleiche empfindsame Wilhelmine als Staatsperson. Hier wusste sie durchaus ihre vornehme Abkunft aus dem preußischen Königshaus zu demonstrieren. Das war kein leichtes Unterfangen in der fränkischen Provinz, fehlte es doch in den Augen der metropolenverwöhnten Berlinerin an fast allem, was man zu einem standesgemäßen höfischen Leben brauchte, nämlich an Geld, guten Künstlern und einer halbwegs verständigen Hofgesellschaft. Sie ließ ihrem Spott, mitunter auch ihrer Verachtung für die kleinen Verhältnisse im „Bayreuthischen" in ihren Memoiren mehr als einmal freien Lauf. Dennoch entstand durch ihre Initiative Großes. Bayreuth verdankt seine Variante des Rokokos weitgehend dem Geschmack dieser Lieblingsschwester des Alten Fritz. Ihre Phantasie und Kreativität sorgten dafür, dass Qualität entstehen konnte, obgleich die Mittel beschränkt waren. Gute Kunst muss nicht zwangsläufig auch teure Kunst sein!

Bayreuths Geschichte vor Wilhemine ist weitgehend höhepunktslos. Irgendwann um 1200 wurde ein breiter Straßenmarkt altbairischer Art neben der älteren Rodungssiedlung „Baierrute" planmäßig angelegt. Das Städtchen entwickelte sich im Rahmen seiner Möglichkeit ganz ordentlich. Die für deutsche Ortschroniken üblichen Pflichtereignisse wie Feuersbrünste, Pestepidemien, diverse Kriege und Refor-

Unten: Wagners rotes Festspielhaus auf Bayreuths Grünem Hügel.
Rechts: Der angemessene Rahmen für eine Hofgesellschaft: das markgräfliche Opernhaus Bayreuth.

mation fanden auch in Bayreuth in angemessener Dosierung statt. Erst die Verlegung der Markgrafenresidenz von der Plassenburg nach Bayreuth kurz nach 1600 legte das Fundament zur Sonderstellung der Stadt. Das Bayreuther Wirtschaftsleben stellt sich rasch um auf die Bedürfnisse einer nach Repräsentation strebenden Hofkultur. Berauschend waren die Früchte dieser Bemühungen nicht, glaubt man Wilhelmines schockierendem Bericht, als sie erstmals des Schlosses ansichtig wurde. Kaum zu glauben, dass wenige Jahre danach Bayreuth mit einem Opernhaus glänzen konnte, das auch Düsseldorf oder Hannover zur Ehre gereicht hätte. Die italienischen Theaterspezialisten der Familie Galli da Bibiena gaben dem Inneren sonoren Glanz und eine Bühnentechnik, die auf der Höhe der Zeit war. Ab 1748 hatte damit das höfische Bayreuth einen gesellschaftlichen Mittelpunkt, denn in Ermangelung größerer Festsäle oder prächtiger Palastarchitekturen diente dieses Opernhaus als Ruhmestempel des kleinen bayreuthischen Staates, der in diesem Prachtraum zum Scheinriesen wuchs.

Aber damit nicht genug. Ein neues Schloss musste ebenfalls her, das alte war prakti-

scherweise 1753 abgebrannt und ermöglichte Neuplanungen, die allerdings der finanziellen Lage entsprechend bescheiden ausfielen. Man schreckte nicht einmal davor zurück, eine reformierte Kirche und bereits vorhandene Palaisbauten für den Neubau zu recyceln!

Im Inneren bestechen originelle Raumschöpfungen, die zwar an Größe und Reichtum nicht mit den großen deutschen Schlössern mithalten können, dafür aber eine unverwechselbare Handschrift tragen und mitunter Unikate sind wie das Palmenzimmer oder das Blumenkabinett.

Gemeinsam einsam

Außerdem musste noch etwas für die Freizeit her, etwas für Jagd, allgemeine Erbauung und Wellness. Neben Sanspareil wurde daher unter anderem der Ausbau der so genannten Eremitage vor den Toren der Stadt vorangetrieben. Die ganze Anlage geriet zu einem Widerspruch in sich, denn „Alleinsein", was das Eremitendasein verlangt, machte offensichtlich nur in passender und zahlreicher Gesellschaft Spaß! Das von einem weiten Bogen des Roten Mains umflossene Areal der Eremitage prunkt daher mit Stätten der Kargheit. Es finden sich Borkenhäuschen und künstliche Höhlen fürs Einsiedlerdasein ebenso wie zwei Schlösser, Bassins mit aufwendigen Was-

Links: Heute muss man kein Markgraf sein, um sich „Dolce Vita" vor dem Neuen Schloss der Bayreuther Eremitage zu gönnen.
Oben: Glasflüsse und bunte Steine verhelfen dem Neuen Schloss zu phantastischer Wirkung.
Nachfolgende Seiten: Das Neue Schloss gibt den Hintergrund zu den 58 Sprüngen im großen Bassin.

serspielen und allerlei Staffagebauten, die einem „Outdoor-Aufenthalt" in der Mitte des 18. Jahrhunderts den unerlässlichen „Event -Charakter" verliehen. Es gibt sogar einen speziellen „Erheiterungsraum" im Alten Schloss. Ähnlich wie bei den Wasserspielen in Hellbrunn bei Salzburg kann man aus zahlreichen schwer erkennbaren Düsen die angekommen Gäste so richtig von unten nass machen. Der Markgraf muss vor allem bei weniger willkommenen Gästen viel Freude gehabt haben; Rokoko-Roben waren schwer wieder trocken und glatt zu bekommen!

Wo Wagners Wähnen Frieden fand

Nach dem Tod des Markgrafen fiel Bayreuth an die Ansbacher Linie der Hohenzollern und gelangte durch preußische Hände schließlich 1810 an Bayern. Als Bezirkshauptstadt in der Provinz hätte die

Stadt sicher ein „ansbachisches Dasein“ mit vielen Reminiszenzen an glanzvollere Tage gefristet, hätte es da nicht einen Komponisten aus Sachsen namens Richard Wagner mit einer Vorliebe für Stabreime und legionenstark besetzte Orchester gegeben. Die Wahl für den Standort eines Festspielhauses für seine Musikereignisse, das Wort Opern ist hier zu schwach, fiel auf Bayreuths Grünen Hügel. Die Stadt lag im Land König Ludwigs II., seinem großen Förderer, war kein Kur- oder Touris-

tenort und konnte durch seine zentrale Lage im deutschen Sprachraum einen großen Einzugsbereich ausschöpfen. Kurz gesagt, in diesem „Kaff“ war seine Musik für ein paar Wochen im Jahr völlig konkurrenzlos – man musste sich ihr kompromisslos hingeben. Letzteres gilt auch heutigen Tages. Wenn die Saison am Grünen Hügel eröffnet ist, wird Bayreuth alljährlich zu einem Wallfahrtsort für „Wagnerianer“ und die Beurteilung des Sinns und der Güte von Inszenierungen löst wahre Glaubenskriege über die rechte Auslegung der Wagner'schen Partituren aus. Der Meister sähe es sicher mit Wohlgefallen, ein Freund lauwarmer Kompromisse war er zeitlebens ohnehin nie! Wer es genauer wissen möchte, erhält Aufschluss in Richard Wagners Wohnhaus am Hofgarten, in der Villa, in der sein „Wähnen Frieden fand“.

Oben: Das Palmenzimmer zählt zu den originellsten Raumschöpfungen des Neuen Schlosses in Bayreuth.
Links: Hoch zu Ross präsentiert sich Markgraf Christian Ernst vor dem Neuen Schloss.

Wo Frankens einzige Tausender sich erheben

Im Osten Oberfrankens sind die dunklen Waldberge des Fichtelgebirges granitene Grenzwächter zur Oberpfalz, Böhmen und Sachsen.

Eger, Naab, Main und Saale heißen die Boten, die das Dach Frankens in alle Himmelsrichtungen entsendet.

Von Liebe, Mord und frommen Gebeten

Einen bequemen Zugang zum Fichtelgebirge bietet das Tal des Weißen Mains. Zwischen Kulmbach und Bad Berneck begegnen dem Reisenden, ein wenig übertönt von der nahen Autobahn Nürnberg-Berlin mit diversen Autohöfen und letztem Sex-Shop vor der Autobahn, die ansehnlichen Reste des einst bedeutenden Klosters Himmelkron. Es war eine Stiftung des Grafen Otto IV. von Orlamünde, der nicht nur etwas Gutes für sein eigenes Seelenheil, sondern auch zur Kultivierung des Landes zwischen Frankenwald und Fichtelgebirge tun wollte. Was er 1279 ins Leben gerufen hatte, stand als Zisterzienserinnenkloster „Corona coeli" bald in hoher Blüte, bis die Kriege des 16. Jahrhunderts und die Reformation Stundengebete und gregorianische Choräle für immer verstummen ließen. An die Familie der Orlamünde erinnern neben Urkun-

Vorherige Seiten: Viele stolze Felstürme verwandelte die Erosion in Blockmeere.
Oben: Der Wandelgang in Bad Berneck ist Reminiszenz aus der Hohen Zeit des Kurens um 1900.
Mitte: In einem Schlussstein der St.-Bartholomäus-Kirche zu Marktredwitz treffen sich die gewölbetragenden Rippen.
Rechts: Schlanke Säulen stützen die eleganten Gewölbe der Unterkirche zu Himmelkron.

den nur noch einige qualitätsvolle Grabmäler. Deutlicher lesbar sind dagegen die Spuren, die die Klosterauflöser aus dem Hause Hohenzollern hinterlassen haben. Sie ließen im 18. Jh. leider drei Flügel des eleganten spätgotischen Kreuzgangs niederlegen und richteten eine markgräfliche Gruftkirche ein. Wahrscheinlich haben aber genau diese „Amputationen", die wir heute bedauern, dem Rest zum Überleben verholfen. Überlebt hat auch eine Schauergeschichte aus dem Mittelalter. Sie handelt von einer adeligen Dame, die ihre beiden Kinder durch Stiche mit einer goldenen Nadel in die Köpfe ermordet haben soll. Warum tut eine blaublütige Dame so etwas? Natürlich aus Liebe! Subjekt der Begierde soll der Nürnberger Burggraf Albrecht gewesen sein, der – wie zur weiteren Rechtfertigung dieser Tat – in der Geschichtsschreibung den Beinamen „der Schöne" bekam. Ihm seien die Kinder bei einer Liebesbeziehung im Wege gewesen, heißt es. Nach dem Mord wurde aus den beiden allerdings dann doch kein liebend Paar. Das mit den Kindern täte ihm sehr leid, sei aber ein Missverständnis gewesen, ließ Albrecht verlauten. Dergestalt um die Früchte ihres verdammenswürdigen Tuns gebracht, wurde die adelige Dame abrupt fromm, tat Buße, trat ins Kloster Himmelkron ein und brachte es bis zur Äbtissin. Allerdings war auch das keine Garantie für Seelenfrieden, denn das schlechte Gewissen soll sie als „Weiße Frau" bis in unsere Tage des Nachts umtreiben. Heute ließe sich solch erotischer Problemstau recht einfach abbauen, denn – wie gesagt – der letzte Sex-Shop vor der Autobahn ist nicht weit ...

Kurbad unter alten Mauern

Frankens höchstes Gebirge ist das Fichtelgebirge. Hier erheben sich die einzigen Tausender des Landes, hier decken endlose Nadelwälder lang gezogene Buckel aus Granit. Am Rand dieser Waldeinsamkeit liegt Bad Berneck im engen Tal der Ölschnitz. Die Familie der Walpoten hatte im Mittelalter in der Nähe des Dorfes

Bärnreuth zur Sicherung ihres Einflussgebietes gleich mehrere Befestigungen errichten lassen. Sicher war ein Motiv dafür, Verkehrswege an dieser leicht zu beherrschenden Engstelle zu kontrollieren. Was aber die Walpoten wie die meisten anderen mittelalterlichen Burgenbauer am stärksten zum Bau eines festen Platzes veranlasst haben mag, ist der Wunsch ein sichtbares und dauerhaftes Zeichen eines Herrschaftsanspruchs zu setzen. In jener Zeit, in der die Macht der Kaiser immer schwächer wurde und die Karten für Einfluss und Besitz sozusagen neu gemischt wurden, war es unabdingbar, den eigenen Ansprüchen architektonisch und damit dauerhaft Ausdruck zu verleihen. So bauten die Walpoten um 1150 gleich noch eine Burg, das heute so genannte Alte Schloss, und sorgten für die Anlage einer kleinen Stadt zu ihren Füßen, das heutige Berneck. Von einem dieser Walpoten, einem gewissen Bero, soll sich der Ortsname herleiten, also nicht von einem Bären. Den braucht man nur zum Aufbinden!

Damit hatten sie im Tal der Ölschnitz fest Fuß gefasst und die Tatsache, dass der Bach ergiebige Perlmuschelkulturen aufwies und sich den umgebenden Bergen auch noch Eisen und Gold bergmännisch abringen ließ, dürfte die Investition in den Standort erst recht lohnend gemacht haben.

Heute freilich gibt es weder Burgenherrlichkeit noch Walpoten, kann man kein Gold und keine Flussperlen mehr der Natur abringen, aber dennoch sorgt die Natur auch heute noch für das Auskommen vieler Bernecker. Über den bescheidenen Anfang als Molkenkurort hat sich die Stadt zum „echten" Bad entwickelt und darf seit 1950 dies werbewirksam im Namen kundtun. Vom Charme der Bäderkultur der vorletzten Jahrhundertwende

Links: Der Fernsehturm am Ochsenkopf in winterlicher Pracht.
Rechts: Als Schutz vor der Kälte der langen Winter des Fichtelgebirges zog man den Häusern oft „Bretterpullover" über.

blieb in Berneck ein wunderbarer exotenreicher Park und der reizende Wandelgang der Kolonnade, ein kleiner Vorgeschmack auf Böhmens große Bäder jenseits des Gebirges.

Goldrausch und lange Winter

„Während man zu Nürnberg längst des Frühlings genießt, fahren sie oft von Hof nach Berneck noch im Schlitten, und das Ganze gewährt schon einen Vorgeschmack des Nordens." So gibt der satirische Schriftsteller Karl Julius Weber seinen Eindruck vom Klima des Fichtelgebirges im ausgehenden 18. Jahrhundert wieder. Was er als persönliche Beobachtung schildert, lässt sich heute durch exakte Messwerte belegen: am Ochsenkopf hält sich die Schneedecke beinahe vier Monate und 200 Frosttage pro Jahr sind durchaus kein meteorologischer Ausreißer, sondern charakteristisch für das Gebirge in seinen höchsten Lagen. Begreiflicherweise wirkte das Fichtelgebirge auf Siedler nicht sonderlich einladend. Die Qualität der Böden ist sehr bescheiden, die Vegetationsperiode deutlich kürzer, wozu also sich ausgerechnet hier niederlassen? Man tat das auch erst verhältnismäßig spät. Als die besseren Plätze sozusagen schon vergeben waren, trieb der Bevölkerungsdruck die Menschen ins Gebirge. Ortsnamen, die auf -reuth oder -grün enden, verraten die späte Besiedlung im Anschluss an eine Rodung. Wenn also auf dem Gebirge nicht viel zu holen war, konnte man es ja auch einmal im Gebirge probieren. Nach Bodenschätzen wurde im Fichtelgebirge häufig gesucht. Gefunden hat man ebenso häufig etwas, aber selten in Mengen, die ein längerfristiges Engagement lohnten. Noch von 1792 bis 1796 hatten die damals neuen Herren des Fichtelgebirges, die Preußen, versucht mit dem Oberbergrat Alexander von Humboldt an der Spitze den Bergbau wieder in die Gewinnzone zu hieven, aber auch seine Bemühungen waren nicht von Erfolg gekrönt. Apropos Krönung: ein gutes Beispiel für die wechselhafte Geschichte bergmännischer Bemühungen im Gebirge ist der Goldbergbau von Goldkronach. Zwischen 1365 und 1430 versetzten die Funde der Goldsucher im Fichtel-

gebirge den ganzen Landstrich in einen wahren Goldgräberrausch. Im Zentrum stand der Goldberg unweit des kleinen Ortes Goldkronach, dessen Namenszusatz die Erinnerung daran wach hält. Die Erträge waren beachtlich, aber die Hussitenkriege brachten so starke Zerstörungen, dass sich der Goldbergbau trotz vieler Neuanfänge bis ins 20. Jahrhundert hinein nicht wieder rentierte. Gold gibt es dort noch immer, aber fünf Gramm pro Tonne Gestein rechtfertigen den nötigen Aufwand nicht. 1954 wurden die Bemühungen um ein oberfränkisches El Dorado endgültig eingestellt!

Goethe interessierte sich für Steine, Hüte und was darunter ist

Wenns gut geht, kann der Mensch heutzutage am Ende seines Lebens auf eine Zeitspanne von achtzig bis hundert Jahren zurückblicken. Klingt viel. Schaut man vom Ochsenkopf auf das Fichtelgebirge blickt man auf Berge, die vor 600 bis 400 Millionen Jahren aus ihrer Umgebung herausgehoben wurden. Ein unvorstellbarer Zeitraum! Selbst die Tatsache, dass sich die

heutige Oberflächengestalt des Gebirges „erst“ vor ungefähr 60 Millionen Jahren herausgebildet hat, macht die Sache nicht leichter verdaulich. Das Alter des Fichtelgebirges rechtfertigt durchaus den Ehrentitel eines Methusalems unter Deutschlands Gebirgen; die Gipfel der Alpen sind im Vergleich dazu nicht mehr als die Aknepickel eines Pubertierenden! Aus diesem Grund ist dieses Gebirge wie auch einige seiner Nachbarn für geologisch Interessierte so ungemein aufschlussreich. Auf engstem Raum finden sich aus beinahe allen Erdepochen Relikte, was beispielsweise dazu führte, dass sich ein gewisser Goethe in diesem Landstrich deutlich stärker für alte Steine als für junge Mädchen begeisterte!

Mit Ausnahme zweier Fabrikantentöchter aus Marktredwitz, denen er 1822 neben aller Reverenz an Granit und Serpentin noch folgende Verse nebst einer eigenen Haarlocke widmete:

„Sie gefallen mir doch gar zu gut,
die Mädchen auf dem Land;
sie tragen einen großen Hut
mit einem blauen Band.“

Er war halt, dem Fichtelgebirge ähnlich, auch nicht mehr einer der Jüngsten, der „Olympier“ aus Weimar.

Weil das Gebirge so alt ist, entsendet es in jede Himmelsrichtung einen bekannten Fluss: die Saale nach Norden, die Eger nach Osten, die Naab nach Süden und den Main nach Westen. Es gibt wohl kein zweites Gebirge vergleichbar bescheidener Größe – großzügig gerechnet nur eine Flä-

Links: Unweit von Ochsenkopf und Schneeberg liegt Frankens höchstgelegener See, der Fichtelsee. Oben: Als kaum armdicker Wasserstrahl entspringt in 887 m Höhe der Weiße Main. Nachfolgende Seiten: Das Granitchaos der Luisenburg ist Deutschlands größtes Felsenmeer.

che von 30 km im Quadrat – das ebenso zahlreiche bedeutende Flüsse auf den Weg schickt! Für August Strindberg war das Fichtelgebirge sogar der Mittelpunkt und die Zirbeldrüse Deutschlands und er vermutete, dass Richard Wagner genau das „intuitiv gefühlt" habe, „als er Bayreuth zu seinem Olympia erkor".

Von den Spekulationen zurück zur granitenen Realität: dank seiner ungewöhnlichen Landschaft und seines Reizklimas ist aus der einstigen wirtschaftlichen Problemregion ein beliebtes Urlaubsziel geworden. Wenn auch die Nadelwälder, die im Übrigen das Ergebnis menschlicher Waldbewirtschaftung sind, ein wenig einförmig wirken, so gibt es doch immer wieder spektakuläre Szenerien. Deutschlands größtes Felsenmeer, das Labyrinth der Luisenburg, ist eine der großen Attraktionen. Auf einer Fläche von 700 mal 300 Metern stellt die Natur mit den gewaltigen, zum Teil ineinander verkeilten Granitblöcken ihre Vorliebe für das Chaos höchst romantisch unter Beweis. Dieser merkwürdige Platz fasziniert die Menschen schon viele Jahrhunderte und seit mindestens 1692 wird er als Kulisse zur Aufführung von Schauspielen genutzt. Das eindrucksvollste aller Schauspiele aber ist und bleibt das Durcheinander der riesigen

Granitwacker. Ihre eigenartigen Formen haben immer wieder zu beschreibenden Namen animiert. So gibt es eine Insel Helgoland, ein Kleeblatt, eine Teufelstreppe und sogar einen Napoleonhut. Letzterer hat sich schon seit Generationen nicht mehr von der Stelle bewegt, obwohl seine vierzig Tonnen Gewicht mit nur zwanzig Zentimetern Auflagefläche auskommen müssen!

Weißes Gold aus dem Sechsämterland

Verlässt man die hohen Gipfel des Fichtelgebirges nach Osten, öffnet sich das Gebirge in Form eines Hufeisens um den Lauf der jungen Eger und der Röslau. Die Niederschlagsmengen sind hier geringer, das Klima zeigt sich nicht mehr ganz so frostig, der Eindruck wird freundlicher. Um Wunsiedel liegt das Sechsämterland, das als Begriff im Gedächtnis wenigstens als Herkunftsgebiet eines gleichnamigen Tropfens überlebt hat.

Trotz der etwas günstigeren Bedingungen musste man sich auch hier schon früh nach Erwerbszweigen neben der Landwirtschaft umsehen und so ist das Land zur böhmischen Grenze hin zunächst zum Weberland und später zum „Porzellinerland" geworden. Selb ist bis heute die Hochburg der Porzellanerzeugung in Deutschland.

Links: Auf nur 20 cm Auflagefläche balanciert der „Napoleonhut" im Felsenmeer Luisenburg. Unten: Von den Felstürmen und -halden bieten sich großartige Ausblicke über das Wipfelmeer des Fichtelgebirges.

Man kennt vor allem die Firma Rosenthal, die seit langem immer wieder durch eigenwilliges Design und bemerkenswerte künstlerische Gestaltungen überrascht. Gut achtzig Prozent der gesamten deutschen Porzellanerzeugung ist im Fichtelgebirge zuhause. Lange Zeit war dieses „weiße Gold" eine verlässlichere Erwerbsquelle als die Jagd nach dem echten Gold, aber in Zeiten der Globaliserung und der Öffnung der ehemaligen Staaten des Ostblocks muss man vermehrt um Marktanteile kämpfen. Aber leicht und unbeschwert war das Leben im Fichtelgebirge nie. Erfreulich, dass die Gebirgler auch in schlechten Zeiten die gute Laune nie verließ. Eine Wunsiedler Schützenscheibe aus der Zeit der Befreiungskriege 1812-13 gibt eine Empfehlung, die nichts von ihrer Gültigkeit eingebüßt hat:

Ein Kerker ist die Erde
Für den der nie sich freut.
Zum Paradiese werde
Sie uns durch Fröhlichkeit.

Oben: *Die Kappel bei Waldsassen ist perfekte Verkörperung der Dreizahl der heiligen Dreifaltigkeit.*

Aller guten Dinge sind drei

Soweit im Fichtelgebirge die Macht der Markgrafen reichte, ist das Land protestantisch. Seinen architektonischen Ausdruck fand das in den so genannten Markgrafenkirchen, bei denen im Inneren Orgel, Kanzel und Abendmahlstisch zu einer zentralen Schauwand zusammengefasst sind. Nicht immer sind diese Kirchen nüchtern ausgestattet, wie die Beispiele in Bayreuth-Sankt Georgen oder Bindlach zeigen. Den Schmuckreichtum des benachbarten katholischen Stiftslandes erreichen sie nicht. Als besonders eindrucksvolles Beispiel einer gänzlich anderen Philosophie des Kirchenbaus grüßt die Kappel aus der Oberpfalz weit sichtbar ins Fränkische herüber. Dem Baumeister Georg Dientzenhofer gelang es Ende des 17. Jahrhunderts, das unvorstellbare Mysterium der Dreifaltigkeit in die sinnlichen Formen barocker Architektur zu materialisieren. So war die Dreizahl Richtschnur Raumbild und dreitürmige Silhouette der Kappel. Wie schon gesagt, aller guten Dinge sind drei ...